AF434337

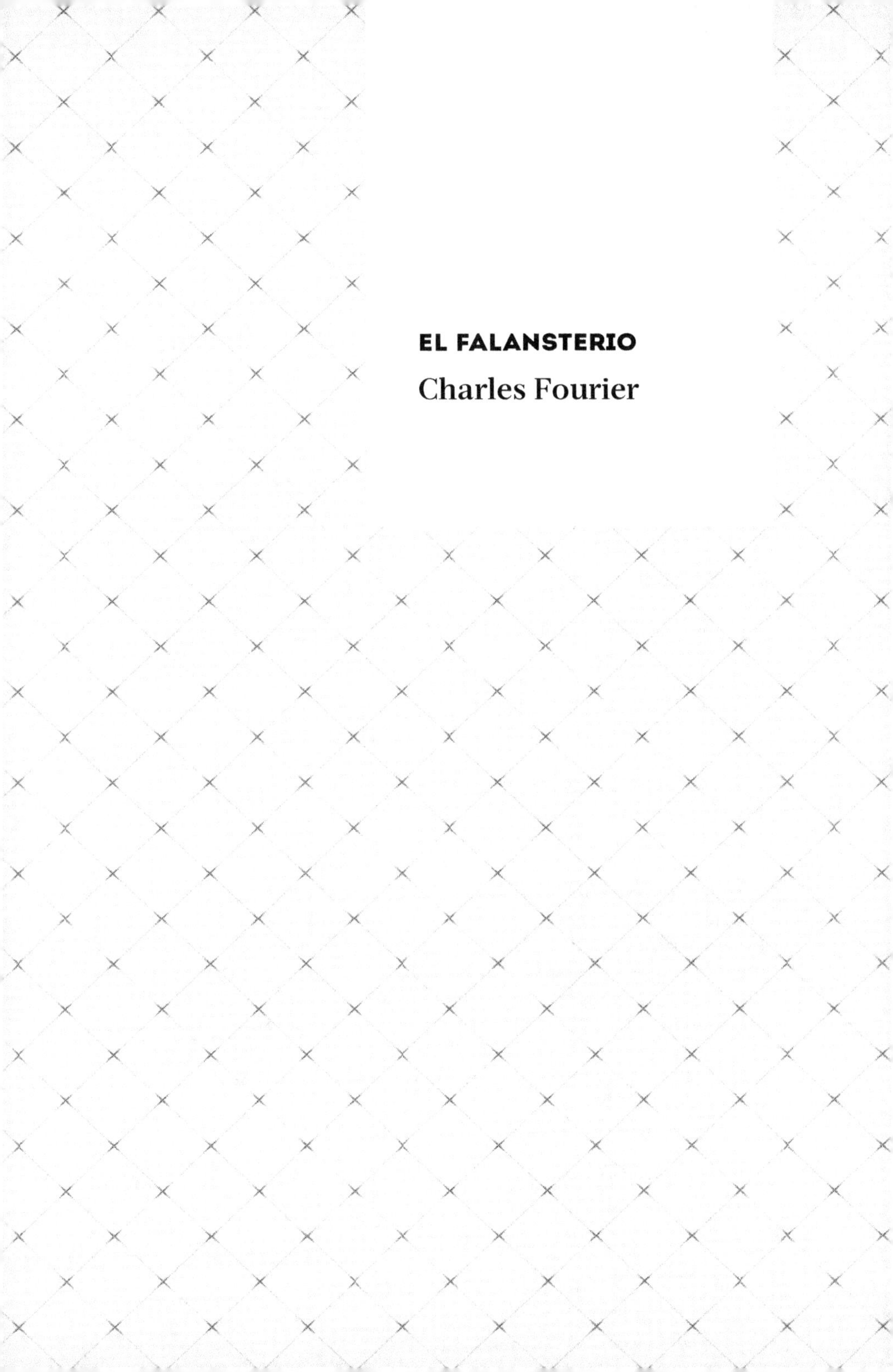

EL FALANSTERIO

Charles Fourier

Colección: Economía social
Director: David Soler

El falansterio
Charles Fourier
© de esta edición, incluido el diseño de la cubierta, ICG Marge, SL
© Prólogo, Jordi García Jané

1.ª edición, 2018, © Ediciones Godot, ISBN 978-987-1489-05-3
2ª edición, 2021, ICG Marge, SL

Edita: Marge Books | Montaber
València, 558 - 08026 Barcelona
Tel. 931 429 486 - montaber@montaber.es
www.montaber.es

Gestión editorial: Eva Franch
Traducción: Jorge Caputo
Corrección: Hernán López Winne
Diseño interior: Víctor Maulmián
Impresión: Prodigitalk, SL (Martorell, Barcelona)

ISBN edición impresa: 978-84-18532-70-2
ISBN edición digital: 978-84-18532-71-9
Depósito Legal: B 6370-2021

 El papel empleado en este libro no ha sido blanqueado con cloro elemental (CI_2).

Índice

Prólogo

CHARLES FOURIER (BESANÇON, 1772-PARÍS, 1837) forma parte de la primera generación de pensadores críticos con la naciente sociedad capitalista. Calificado por Engels de socialista utópico, junto con el también francés Saint-Simon y el galés Robert Owen, Fourier propone la implantación progresiva de un nuevo sistema social, al que llama sistema societario, que traerá a la humanidad la armonía y la felicidad universales. Como Saint-Simon, Owen y la mayoría de sus coetáneos, es hijo de la Ilustración y está imbuido también de idéntica fe en el progreso.

Fourier expone su sistema en varias obras, que aparecerán entre 1808 y 1835. Las más importantes son *Teoría de los cuatro movimientos* (1808), *Tratado de la asociación doméstica agrícola* (1822), *El nuevo mundo industrial y societario* (1829), del cual surge hoy esta selección de textos titulada *El Falansterio*, y *La falsa industria* (1835).

Su doctrina creará escuela, la llamada escuela societaria o falansteriana, la cual ejercerá cierta influencia en el estado vecino pero también en Inglaterra, Alemania, Rusia, Suiza, Italia, Rumanía y en Estados Unidos. En la península Ibérica, los principales focos de irradiación de la doctrina fourierista aparecerán en Cádiz, Madrid y, en menor grado, en Cataluña, más influida por Cabet y Saint-Simon. Con todo, los primeros artículos fourieristas se publicarán en Barcelona, en el periódico *El Vapor* en 1835, escritos por Joaquín Abreu. Este, junto con Fernando Garrido, serán al mismo tiempo grandes divulgadores del cooperativismo.

Fourier critica a fondo la industrialización capitalista por la miseria que provoca ("vemos que las regiones industrializadas están tan sembradas de mendigos como las comarcas indiferentes a este género de progreso, o quizás más"), pero también por la frustración que genera y por destruir la naturaleza. Como alternativa no propone la insurrección violenta, tampoco el reformismo político. Fourier es un reformador social. Su doctrina gira alrededor de dos principios: el principio universal de la atracción, que atrae a los seres humanos de pasiones complementarias, y el principio de asociación o cooperación, que les permite establecer relaciones fructíferas entre ellos. Su estrategia reside en el ejemplo; se figura que a medida que las personas comprueben que el sistema societario que él propone trae el bienestar a sus miembros, el mundo irá cambiando.

Para comprobarlo, Fourier anima a fundar ya unas células básicas de trabajo y de vida, organizadas conforme a sus principios, que denominará falansterios. A la hora de la verdad, se crearon muy pocas de esas comunidades, algunas en Estados Unidos y Rumanía, y además duraron poco tiempo. Sobre el papel, los falansterios debían tener en cuenta las necesidades materiales y emocionales de sus miembros y organizarse en torno a un edificio común rodeado por tierras de labor. Fourier confiaba que su éxito sería tal, que rápidamente se adoptaría esta nueva forma de organización social. Qué duda cabe que pecó de ingenuo; a veces hasta un extremo que, al menos hoy, nos sorprende, como cuando se jacta de que, constituyendo un solo falansterio, "en dos meses, alcanzará su propósito y obrará la imitación general con el cebo del beneficio y del placer".

Con exasperante minuciosidad, Fourier detalla el funcionamiento de los falansterios: su número de miembros, la organización de su economía, los órganos para su gobierno... Pese a tanto detalle, no dibuja una especie de comunismo cuartelario como las comunidades icarianas de Eugénne Cabet, otro socialista premarxista, sino que exalta la diversidad y las diferencias entre las personas y entre los pueblos. Para él, los falansterios brindarán a sus miembros el máximo de igualdad sin que tengan que perder la individualidad, lo que le permite afirmar que aúnan libertad e igualdad. De hecho, considera que el bienestar que les reportará asociarse en falansterios y realizar en ellos un trabajo placentero les estimulará a desarrollar plenamente sus capacidades. En este sentido, Fourier parte de un enfoque materialista de la libertad: ésta es posible cuando las necesidades básicas están cubiertas, y solo florece en un entorno que la protege y estimula.

Fourier reflexiona a fondo sobre el trabajo. Parte de una crítica feroz del trabajo penoso para propugnar que este debe ser placentero, lo que permitirá multiplicar la productividad y, por ende, la riqueza. Para ello, propondrá integrar el trabajo manual e intelectual, una medida que harán suya luego Kropotkin, Marx y Engels; pero el pensador francés va más allá de estos, pues defiende también la integración entre trabajo y ocio, e incluso entre trabajo productivo y trabajo reproductivo, así como la supresión de la división sexual del trabajo.

En el falansterio, cada trabajo será retribuido con un dividendo, no con un salario, pues los miembros del falansterio no son asalariados de este sino sus propietarios, y cada trabajo ha de escogerse según las propias inclinaciones y aficiones. El Marx de los *Manuscritos Económicos y Filosóficos* (1844) recoge esta concepción del trabajo entendido como autorrealización humana y reconciliación con la naturaleza, pero no la sitúa en ninguna microsociedad alternativa, llámese falansterio, icaria o cooperativa, sino en una futura sociedad comunista. Con todo, Marx y Engels otorgan todavía un papel más central al trabajo, que considerarán también fuente de todo valor y objeto de extracción de plusvalía por parte del capitalista, así como medio para la creación del sujeto revolucionario, la clase trabajadora.

Estas últimas dimensiones del trabajo no están recogidas en la obra de Fourier, y es normal: él apenas conocerá el movimiento obrero. Tan solo podrá atisbar su nacimiento en la revolución de 1830, cuando durante tres días de julio el pueblo de París levante barricadas y derroque al gobierno autocrático de Carlos X, e incluso por aquel entonces ya habrá escrito sus obras capitales. Tal como cuenta Engels, cuando Fourier publica su primera obra en 1808, el antagonismo entre burguesía y proletariado todavía está muy poco desarrollado. Aún deberán transcurrir varios decenios para que aumente el peso de la industria y, por tanto, del proletariado y la lucha social.

Probablemente ello explique también que sus obras no se dirijan únicamente a la clase trabajadora, sino a todas las clases sociales. La forma legal que propone para el falansterio es la sociedad anónima, no la cooperativa, cuando por lo menos desde finales de la década de 1820 ya empezaban a constituirse algunas cooperativas en Francia, y esa sociedad anónima será propiedad conjunta de capitalistas, trabajadores y administradores. Estos tres grupos aportarán los elementos creadores de valor económico para Fourier: el trabajo, el capital y el talento. En dichos falansterios, la propiedad y los beneficios se distribuirán en razón de un 40% para el trabajo, un 30% para el capital y otro 30% para la dirección científico-técnica, mientras que la riqueza y armonía que se deriven terminarán convirtiendo a estos grupos en una gran familia. Precisamente serán estas relaciones fraternas entre las clases sociales lo que terminará disolviéndolas, como le ocurrirá también al Estado. Notemos como esta última idea, la disolución o extinción progresiva del Estado, será aprovechada también por Marx y Engels, quienes la opondrán a la abolición inmediata del Estado por la que aboga Bakunin.

Sin embargo, en muchos aspectos podríamos decir que Fourier se encuentra más cerca de algunos anarquistas que de Marx y Engels, aunque estos también fueran influidos por él. Igual que Kropotkin, Fourier rechaza todo autoritarismo y comparte la creencia de que la agricultura debe constituir el fundamento de todo sistema económico, sin que por ello menosprecie la manufactura o la industria. Como Proudhon, arremete en un estilo irónico, satírico incluso, contra la competitividad, el lucro, el interés y la usura, pero sin llegar tan lejos como su vecino (ambos nacieron en Besançon), en *¿Qué es la propiedad?*, una frontal diatriba contra la propiedad y el Estado que publicará en 1840, tres años después de que Fourier haya fallecido.

Una característica de la crítica social de Fourier que lo hace muy actual es que no se ciñe a la economía capitalista, sino que arremete también contra la miseria moral y la degradación de las relaciones humanas que esta provoca. Fourier lleva la crítica a la vida cotidiana, a la civilización en conjunto, a la que califica de cárcel social. Critica la institución familiar, la sumisión al poder, la hipocresía social, la miseria material pero también emocional y sexual. Para él, representan otras tantas caras de la explotación.

Contraponiéndolas, reivindicará la educación activa, el uso gozoso de la sexualidad, el divorcio y la libertad amorosa, es decir, una transformación radical de las relaciones emocionales entre los seres humanos. Fourier considera que la sociedad nunca podrá ser armónica si los individuos no gozan libremente de sus pasiones, las cuales no debemos confundir con un deseo o capricho cualquiera. Por todo ello, podemos considerarlo como un precursor, no solo del cooperativismo, al concebir el trabajo en el falansterio como trabajo asociado, sino también de la educación antiautoritaria, las comunas o el amor libre y plural.

Asimismo, Fourier defiende la igualdad de la mujer. Ironiza a quienes exaltan los principios de igualdad, libertad y fraternidad, y luego excluyen de los mismos a la mitad de la población por ser mujeres. Afirma que mientras la mujer sea oprimida no habrá justicia social. Engels lo elogiará por ello y en *Del socialismo utópico al socialismo científico* le atribuirá ser "el primero que proclama que el grado de emancipación de la mujer en una sociedad es el barómetro natural por el que se mide la emancipación en general". Posiblemente fue el primero, como dice Engels, pero no la primera; Engels se olvida de todas las mujeres que ya lo habían proclamado mucho antes, como por ejemplo Olympe de Gouges, quien en 1791 escribió su famosa *Declaración de los Derechos de la Mujer y la Ciudadana*.

Otro aspecto del legado de Fourier que, al revisitar su obra dos siglos más tarde, parece muy valioso es el empleo de la prefiguración como estrategia de transformación social, y la labor utópica asociada a esta. En mi opinión, la prefiguración de la sociedad que se anhela, ni que sea a pequeña escala, constituye un elemento imprescindible para cualquier estrategia de transformación social. Lo era en tiempos de Fourier y lo sigue siendo hoy en día.

Las probabilidades de una salida justa y sostenible al necrocapitalismo, antes de que nos arrastre al colapso como especie, dependen de nuestra capacidad para distinguir aquellas formas de vida prefiguradoras de la nueva sociedad que ya existen en el seno de la actual, de desarrollarlas, articularlas y extenderlas tanto como sea posible. Estoy pensando en la economía social y solidaria, en la extensión de las prácticas feministas tanto en la esfera productiva como reproductiva, en la cultura libre, en los centros sociales, en las comunidades en transición… Se trata de marcos experienciales en donde una parte de la sociedad ensaya la puesta en práctica de valores contrahegemónicos a los patriarcales, capitalistas, coloniales y productivistas. Estos espacios liberados funcionan como contrapoderes; construyen sujeto transformador; muestran que hay alternativas y les dan credibilidad; actúan como laboratorios donde testear y anticipar muchos de los problemas con que nos podemos encontrar cuando se extiendan; facilitan que la sociedad los escoja como senda emancipadora en momentos de bifurcación en que la vía del fascismo puede también parecer seductora, y prefiguran las instituciones de la futura sociedad poscapitalista o, al menos, las inspiran. La sociedad no apoyará nunca un salto al vacío ni a ciegas, tengámoslo claro.

Por supuesto, no basta con crear espacios liberados dentro del propio sistema, como suponía Fourier. Es preciso combinarlos con otras estrategias, con la movilización popular, con el uso de las instituciones en la medida que sea posible, y todo ello debe converger en la toma del poder político para iniciar las transformaciones estructurales que permitan alumbrar el nuevo modo de producción y de vida que antes se ha formado como embrión. Cien mil falansterios no hubieran hecho el sistema societario a que aspiraba Fourier, igual como cien mil cooperativas no harán hoy por sí solas una sociedad cooperativa. Son necesarias, pero no suficientes.

El otro aspecto a reivindicar de Fourier, y en general de los llamados socialistas utópicos, es precisamente el valor de la utopía. Claro que por utopía podemos entender dos cosas bien distintas: la utopía como concepción imaginaria de una sociedad ideal o como concepción de un ideal irrealizable. Por desgracia, hoy en día se da al término la segunda acepción, esto es, la utopía entendida como fantasía. Y probablemente los falansterios que preconizó Fourier eran eso, pura quimera. No bastaba con cambiar el lugar (*u-topos*) y dotarse de nuevas reglas para transformar las personas y las relaciones entre ellas. También era ingenuo pensar que los capitalistas accederían gustosos a ceder poder y privilegios para formar parte de los falansterios. Y resultaba absurdo pretender construir sociedades completamente armónicas y sin conflictos; no existen, y mejor que no existan, porque sin conflicto no habría vida, que es cambio continuo. Probablemente Engels acertó al escoger para Fourier y otros premarxistas la acepción peyorativa del término utopía, pero probablemente también fue demasiado indulgente con Marx y consigo mismo al adjetivar a su propio socialismo como científico.

Hoy, las derrotas de los distintos movimientos socialistas, comunistas y anarquistas por cambiar el mundo nos han vuelto seres pesimistas hasta rozar el cinismo. Asimilamos cualquier utopía a una quimera y, por lo tanto, no damos crédito a los esbozos de sociedades más justas y sostenibles. De ahí que vivamos en una época en que solo conozcamos, mediante la ciencia-ficción, futuros catastróficos, es decir, distopías. A diferencia de la época de Fourier, ahora solo damos crédito a futuros peores; nuestra máxima aspiración parece ser el 5G. Como dijo Fredric Jameson, hoy es "más fácil imaginar el fin del mundo que el fin del capitalismo". Y una sociedad que cree que antes colapsará el planeta que se terminará el capitalismo, una sociedad que es incapaz de imaginarse distinta de cómo es, no tiene futuro.

Para que haya futuro, necesitamos socializar algún esbozo de sociedad sustancialmente mejor en las mentes y los corazones de millones de personas. Hablamos de esbozo, no de una pormenorizada descripción como la que realizó Fourier, quien en algunos parajes bordeó lo obsesivo. Cualquier movimiento que pretenda desafiar el (des)orden establecido y transformarlo necesita ilusionarse y guiarse por la visión de una sociedad alternativa, una visión naturalmente aproximada, que se destile de la práctica y vaya modificándose mediante un ciclo permanente de acción-reflexión-acción. Solo movilizaremos la energía personal y colectiva capaz de impulsar el proceso de cambio, si resulta ampliamente compartido que una sociedad sustancialmente mejor que la actual no solo es necesaria, sino también posible. O, como señala José Luis Fernández Casadevante, "Kois", en *Apología de la utopía*, "necesitamos imágenes del futuro capaces de seducir y emocionar".

Eso lo sabían muy bien los neoliberales. Lo sabía Milton Friedman cuando dijo a los suyos en 1962: "Nuestra función fundamental es desarrollar alternativas a las políticas actuales, mantenerlas vivas y a mano hasta que lo políticamente imposible sea posible". Y lo sabía Margaret Thatcher cuando, una vez empezó a aplicar dichas políticas, decidió que era el momento de decir lo contrario para desmovilizar la protesta, y proclamó su famoso TINA: "There is not alternative".

En estos últimos años han ido apareciendo distintos bosquejos de una sociedad alternativa. Incluso quien esto escribe se atrevió en 2011 a realizar uno de estos esbozos en el libro *Adiós, capitalismo. 15M-2031*. En el momento de perfilar cómo podría funcionar una sociedad poscapitalista, que denominé ecodemocracia cooperativa, me exigí a mí mismo que dicha sociedad tuviera alguna posibilidad de ser realizada en veinte o treinta años, que muchas de sus instituciones hubieran fermentado ya en la sociedad actual, que fuera ilusionante para movilizarse y pudiera orientar las movilizaciones en curso y, por último, que sirviera como punto de partida para el desarrollo posterior de un amplio abanico de sociedades poscapitalistas.

Por consiguiente, se trata de plantear futuros posibles que mantengan un mínimo contacto con la realidad presente, una característica que comparten la mayoría de estas propuestas alternativas, junto con el hecho de consistir precisamente en bosquejos o esbozos, no en modelos cerrados y aparentemente perfectos. A ese tipo de utopías, ese gran explorador de alternativas que fue Erik Olin Wright las llamó utopías reales, y ahora Boaventura de Sousa Santos, en *El futuro comienza ahora. De la pandemia a la utopía*, se refiere a ellas con una ligera variante, como utopías realistas.

Charles Fourier se despegó más de la realidad de lo que nos atrevemos a hacer hoy nosotros. De su atrevimiento salieron propuestas que hoy nos parecen ensoñaciones disparatadas. Pero eso mismo le permitió también plantear observaciones profundas, avanzar ideas que hoy forman parte de nuestro sentido común y atisbar sugestivos futuros que todavía nos parecen demasiado lejanos.

Jordi Garcia Jané
Marzo de 2021

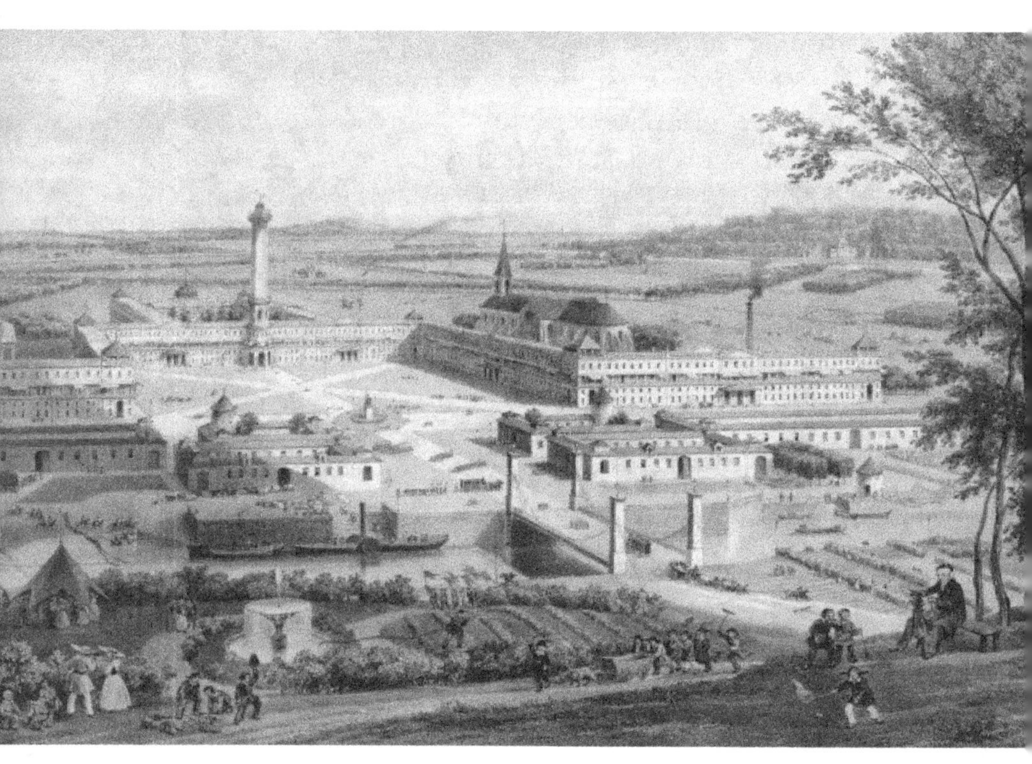

Imagen de la portada:

Litografía de Henri Fugère, impresa a finales del siglo XIX, representando la visión idealizada de un falansterio, según el sistema societario de Charles Fourier.

EL FALANSTERIO

Prefacio

1.

No hay deseo más generalizado que el de duplicar las ganancias con un golpe de suerte, como un rico matrimonio, una herencia, una sinecura; y si se encontrara el medio de elevar las ganancias de cada uno, no al doble, sino al cuádruple, en valor real, un descubrimiento tal sería seguramente el más digno de la atención general. Tal será el fruto del método societario natural: en Francia, el producto anual, estimado en seis mil millones, se elevará a veinticuatro mil millones, a partir del primer año de régimen societario; igual proporción en los otros imperios.

La riqueza más colosal sería ilusoria, si no estuviera sostenida por un orden distributivo que garantizara:

Repartición proporcional y participación de la clase pobre en este aumento del producto.

Equilibrio de la población, cuyo progreso ilimitado neutralizaría rápidamente una cuadruplicación e incluso una decuplicación de riqueza efectiva.

Estos problemas, escollos de las ciencias modernas, son plenamente resueltos por el descubrimiento del modo societario natural, del que se leerá un tratado abreviado. El título de *Nuevo mundo industrial* me ha parecido el más exacto para designar este bello orden societario que, entre otras propiedades, posee la de crear la atracción industrial: se verá a nuestros ociosos, incluso a las señoritas coquetas, estar de pie desde las cuatro de la mañana, tanto en invierno como en verano, para dedicarse con ardor a los trabajos útiles, al cuidado de los jardines y corrales, a los quehaceres de la casa, de las fábricas y otros por los cuales el mecanismo civilizado inspira disgusto a toda la clase rica. Todos estos trabajos se volverán atractivos por la influencia de una distribución absolutamente desconocida, que yo denominaré *Series pasionales*, o *Series de grupos contrastados*: es el mecanismo al cual tienden todas las pasiones, el único orden conforme a la voluntad de la naturaleza. El salvaje no adoptará jamás la industria, mientras no la vea practicada en series pasionales. En este régimen, la práctica de la verdad y de la justicia se vuelven vía de fortuna; y la mayor parte de los vicios degradantes según nuestras costumbres, como la gula, se vuelven vía de emulación industrial, de manera que los refinamientos gastronómicos son estimulados como resortes de sabiduría; un sistema tal es lo opuesto del mecanismo civilizado que conduce a la fortuna a través de la mentira y ubica la inteligencia en las austeridades. Según este contraste, el estado civilizado donde reinan la mentira y la industria repugnante, será apodado *mundo al revés*; y el estado societario, *mundo en el recto sentido*, fundado sobre el empleo de la verdad y de la industria atrayente. Es sobre todo para los sabios y los artistas que el régimen societario será *nuevo mundo* y *mundo en el recto sentido*; obtendrán en él, de un golpe, el objeto de sus deseos más ardientes, una inmensa fortuna, veinte y cien veces superior a la que pueden esperar en el estado civilizado, verdadero sendero de espinas para ellos; allí son abrumados con todos los disgustos, sometidos a todas las servidumbres. En cuanto a las otras clases a las que anuncio la cuadruplicación de sus rentas, van a acusarme, al principio, de exageración. Pero la teoría societaria es tan fácil de comprender, que cada uno podrá ser juez de ella, y apreciar con toda exactitud si es verdad que el método natural, descrito aquí bajo el nombre de Series Pasionales, debe dar un producto cuádruplo de aquel que da nuestra industria fragmentada y subdividida en tantas explotaciones como parejas conyugales haya. Un prejuicio ha impedido siempre las investigaciones sobre la asociación; se ha dicho: "Es imposible reunir en gestión doméstica tres o cuatro hogares, sin que la discordia se manifieste al cabo de una semana, sobre todo entre las mujeres: es todavía más imposible asociar treinta o cuarenta familias, y con más razón trescientas o cuatrocientas". Este razonamiento es falso: pues si Dios quiere la economía y la mecánica, no ha podido especular más que sobre la asociación del mayor número posible; de ahí que el fracaso en pequeñas reuniones de tres y de treinta familias fuera un augurio de éxito para un número mayor, siempre que se hubiera investigado previamente la teoría de asociación natural o método querido por Dios y conforme a la voluntad de la atracción, que es el intérprete de Dios en mecánica societaria. Él dirige el universo material por atracción; si empleara otro resorte para la dirección del mundo social, no habría unidad, sino duplicidad de acción en su sistema.

El estudio de la atracción pasional conduce directamente al descubrimiento del mecanismo societario pero si se quiere estudiar la asociación antes que la atracción, se corre el riesgo de extraviarse durante siglos en falsos métodos, de desanimarse y de creer en su imposibilidad. Eso es lo que ocurre hoy, cuando el problema de la asociación, que se había descuidado durante tres mil años, comienza finalmente a fijar la atención del mundo erudito. Desde hace algunos años se escribe sobre la palabra *Asociación* sin conocer la cosa, sin siquiera determinar el objeto del lazo societario, las formas y los métodos que debe adoptar, las condiciones que debe cumplir, los resultados que debe dar. Este tema ha sido tratado tan confusamente que no se ha siquiera soñado con llamar a un concurso sobre el camino a seguir en un estudio tan nuevo. Este concurso habría llevado a reconocer que no se puede tener éxito a través de los medios conocidos, y que hay que buscar otros en las ciencias todavía vírgenes e intactas, sobre todo en aquella de la atracción pasional, ciencia olvidada por Newton, que sin embargo se encontraba cerca de ella. Demostraremos que esa es la única vía de éxito en asociación. Si los pobres, la clase obrera, no son felices en el estado societario lo perturbarán con la malevolencia, el robo, la rebelión; un orden tal fracasará en su objetivo, que es asociar lo pasional así como lo material, conciliar las pasiones, los caracteres, los gustos, los instintos y cualquier tipo de desigualdad. Pero si para satisfacer a la clase obrera se le asegura un bienestar, el adelanto de un *minimum* copioso en subsistencia, vestimenta, etc., entonces se la empujará a la holgazanería. Puede verse la prueba en Inglaterra, donde el seguro anual de doscientos millones a los indigentes no consiguió más que multiplicar el número de mendigos. El remedio para esta holgazanería, y para los otros vicios que desorganizarían la asociación, consiste entonces en la búsqueda y el descubrimiento de un mecanismo de atracción industrial que transforme los trabajos en placeres, y garantice la persistencia del pueblo en el trabajo y la recuperación del *minimum* que se le habrá adelantado.

Según estas consideraciones, si se hubiera querido proceder metódicamente en teoría societaria, se habría debido poner en concurso, antes que nada, el estudio de la atracción pasional, por análisis y síntesis, a fin de descubrir si la misma procura los resortes de atracción industrial. Tal debía ser el camino regular que no han entrevisto aquellos que han escrito vaga y superficialmente sobre la asociación. Si hubieran estudiado la atracción, habrían descubierto la teoría de las Series Pasionales, sin la cual es imposible fundar el mecanismo societario, puesto que no se puede, sin las Series Pasionales, cumplir las condiciones primordiales, como por ejemplo: Atracción industrial, repartición proporcional, equilibrio de población. Además de estudios, se han realizado tentativas prácticas en asociación, ensayos en América y en Inglaterra. Una secta dirigida por el Sr. Owen pretende que funda el estado societario, cuando en realidad hace todo lo contrario: trabaja para desacreditar la idea de asociación, con la falsedad de su método contrario en todo sentido a la naturaleza o atracción. Tampoco ha seducido la secta Owenista ni a los salvajes ni a los civilizados vecinos: ninguna horda, ninguna provincia de los Estados Unidos ha querido adoptar ese régimen monástico de comunidad de bienes, ese semiateísmo o ausencia de culto divino, y otras monstruosidades que el Sr. Owen decora con el nombre de asociación. Saca provecho de una palabra que tiene gran influencia; hace de ella un objeto de especulación disfrazándose de formas filantrópicas; y la apatía de la comunidad de los sabios sobre este gran problema, su negligencia para precisar las condiciones a cumplir y el fin a lograr, favorecen a los que conspiran para tergiversar la opinión sobre este tema. Ninguno de los escritores o de los empresarios aborda el fondo de la cuestión, el problema de asociar en gestión agrícola y doméstica no solamente las facultades pecuniarias e industriales de una masa de familias desiguales en fortuna, sino de asociar las pasiones, caracteres, gustos, instintos; de desarrollarlos en cada individuo sin chocar con la masa, hacer surgir desde la más tierna edad las vocaciones industriales que son numerosas en el niño, colocar a cada uno en los diversos puestos a los que la naturaleza lo llama, variar con frecuencia los trabajos y mantenerlos con el encanto suficiente para hacer nacer la atracción industrial. En vez de enfrentar así la tarea, no se hizo más que rozar el tema, discutiendo sobre la asociación con ingenio, pero sin teoría; parece como si se hubiera propuesto la cuestión solo para asfixiarla. También la palabra Asociación es profanada, desprestigiada. Unos la toman para enmascarar intrigas electorales y arreglos de agiotaje; otro ven en ella un resorte de ateísmo, porque la secta Owen, con la supresión del culto divino, se ha ganado en Estados Unidos el nombre de secta de ateos. Todos estos incidentes arrojan sobre la verdadera asociación tanto disfavor que no he creído conveniente colocar en el título de mi resumen este nombre "asociación", que se ha vuelto vacío de sentido desde que sirve de pretexto a todas las intrigas.

Cuanto más se ha abusado del nombre, más importa dar sobre la cosa nociones preliminares, y disponer al lector para concebir que, siendo la verdadera asociación, el arte de aplicar a la industria todas las pasiones, todos los caracteres, gustos e instintos, un nuevo mundo social e industrial debe disponerse a encontrar en esta teoría principios totalmente opuestos a sus prejuicios, los cuales le pintan el estado civilizado como vía de perfección y destino del hombre, cuando es evidente que el pueblo de los países más civilizados es tan desgraciado, tan pobre como los populachos de China y el Indostán y que la industria fraccionada o administración familiar no es más que un laberinto de miserias, de injusticias y de falsedad.

Fijemos en primer lugar la atención sobre el resultado más destacado del régimen societario, el cuádruple producto. Una gran reunión no emplearía en las diversas funciones más que la centésima parte de los agentes y las máquinas que exige la complicación de nuestros pequeños hogares. En lugar de trescientos fuegos de cocina y trescientas amas de casa, no tendríamos más que cuatro o cinco grandes fuegos preparando los servicios de diversas clases, adecuados a cuatro o cinco clases de fortuna, pues el estado societario no admite igualdad. Bastaría con una decena de personas expertas, para reemplazar a las trescientas mujeres que emplea el régimen civilizado, desprovisto de los numerosos mecanismos de los que se haría uso en una cocina que prepare para mil ochocientas personas (es el número más conveniente). Esta reunión abonaría a cada uno a mesas y servicios de diversos precios, sin ninguna sujeción contraria a las libertades individuales. El pueblo, en este caso, gastaría mucho menos para hacer buena comida, que hoy para vivir miserablemente. El ahorro de combustible sería inmenso, y aseguraría la restauración de bosques y climas, mucho mejor que cien códigos forestales impracticables. El trabajo del hogar sería simplificado de tal modo, que siete octavos de las amas de casa y de los servidores domésticos se volverían disponibles y aplicables a las funciones productivas.

Nuestro siglo pretende distinguirse por el espíritu de asociación. ¿Por qué adopta entonces en agricultura la distribución por familias, que es la menor combinación posible? No se puede imaginar reuniones más pequeñas, más anti-económicas y más anti-societarias que las de nuestros pueblos, limitadas a una pareja conyugal, o a una familia de cinco o seis personas, aldeas que construyen trescientos graneros, trescientas bodegas, muy mal ubicados y atendidos, cuando alcanzaría, en asociación, con un solo granero, una sola bodega, bien ubicados, bien provistos de pertrechos, con ocupar más que un décimo de los agentes que exige la gestión fraccionada o régimen de familia. En ocasiones los agrónomos han publicado en los diarios algunos artículos sobre los enormes beneficios que la agricultura obtendría de las grandes reuniones societarias, si se pudiera conciliar las pasiones de doscientas o trescientas familias que cultivasen combinadamente, y efectuar la asociación tanto *en lo pasional como en lo material*. Se han limitado, en este asunto, a deseos estériles, a quejarse de la imposibilidad motivada, según ellos, por la desigualdad de las fortunas. Estas desigualdades, lejos de ser un obstáculo, son por el contrario el resorte esencial: no se pueden organizar Series Pasionales sin una gran desigualdad de fortunas, caracteres, gustos e instintos.

Si esta escala de desigualdades no existiera, habría que crearla, establecerla en todos los sentidos, antes de poder asociar lo pasional. Vemos en el régimen civilizado resplandores de asociación *únicamente material*, gérmenes que se deben al instinto y no a la ciencia. El instinto enseña a cien familias pueblerinas que un horno común costará mucho menos, en albañilería y combustible, que cien pequeños hornos domésticos, y que estará mejor dirigido por dos o tres panaderos expertos, que los cien pequeños hornos por cien mujeres que, dos veces de cada tres, no conseguirán el grado justo de calor del horno y cocción del pan. El sentido común ha enseñado a los habitantes del norte que, si cada familia quisiera fabricar su cerveza, esta costaría más que los buenos vinos. Una comunidad monástica, un cuartel militar, comprenden por instinto que una única cocina que prepare para treinta comensales será mejor y menos costosa que treinta cocinas separadas. Los campesinos del Jura, viendo que con la leche de una única familia no se podría hacer un queso llamado *Gruyere*, se reúnen y entregan cada día la leche a un taller común, donde se toma nota de los aportes de cada uno, tallándolos en una madera; y de la colecta de estas pequeñas cantidades de leche, se hace, con poco gasto, un gran queso en una vasta caldera.

Cómo nuestro siglo, que tiene altas pretensiones de economía, no ha soñado con desarrollar estos pequeños gérmenes de asociación, formar con ellos un sistema pleno, aplicado al conjunto de las siete funciones industriales, a saber: 1°, Trabajo doméstico; 2°, Trabajo agrícola; 3°, Trabajo manufacturero; 4°, Trabajo comercial; 5°, Trabajo de enseñanza; 6°, Estudio y empleo de las ciencias; 7°, Estudio y empleo de las bellas artes; funciones que hay que ejercer acumulativamente en la reunión más grande posible. Se verá, por la teoría que sigue, que la misma debe ser de mil ochocientas personas. Por encima de dos mil, degeneraría en muchedumbre, caería en la complicación; por debajo de mil seiscientas sería débil en vínculos, sujeta a los errores de mecanismo, a las lagunas de la atracción industrial. Sin embargo, con poco gasto se podrá hacer una prueba reducida a la tercera parte del número, a seiscientas o setecientas personas; los resultados serán menos brillantes, menos lucrativos, pero alcanzarán a probar que una reunión, elevada al número suficiente, a mil ochocientos, realizaría plenamente los beneficios y los acuerdos descritos en la teoría siguiente. Una vez que haya sido constatado con este ensayo que el mecanismo llamado falange de Series Pasionales crea la atracción industrial, lo copiarán con la velocidad de un rayo: todos los salvajes, todos los negros de África abrazarán la industria: dos o tres años después habrá azúcar para cambiar, a igual peso, por trigo, y proporcionalmente los otros productos de la zona tórrida. Otra ventaja entre mil será la extinción súbita de las deudas públicas en todos los países, como consecuencia del cuádruplo producto: cuando el de Francia, que se estima en seis mil millones, sea elevado a veinticuatro mil millones, el fisco recaudará mucho más fácilmente dos mil millones sobre veinticuatro, que hoy mil millones sobre seis mil millones. Habrá una desgravación *relativa* de la mitad, a pesar de la duplicación *efectiva* del impuesto. Conviene presentar esta perspectiva en primer lugar a los lectores franceses e ingleses, sobre todo en Inglaterra donde el peso de la deuda es tan agobiante. Francia marcha rápidamente hacia este escollo, y tiene tanta más necesidad del descubrimiento que publico.

¿Debe uno sorprenderse de que la invención de una teoría que va a cambiar la faz del mundo haya sido retrasada hasta nuestros días? No se la ha buscado jamás, y ha debido permanecer desconocida. Se puede encontrar por azar un tesoro, una mina de oro; pero una teoría que exige cálculos no es descubierta mientras no se la busque y no sea propuesta a concurso. Además, hace apenas un siglo que nos ocupamos de teorías industriales. La Antigüedad no hizo sobre este tema ningún estudio; estaba trabada por la esclavitud, que habría puesto muchos obstáculos a la invención del mecanismo societario, impracticable con esclavos. Los modernos, desembarazados de la costumbre de la esclavitud, habrían podido especular sobre la asociación agrícola y doméstica, pero sus economistas fueron detenidos por un prejuicio que indica que el fraccionamiento, o cultivo subdividido por familias, es la naturaleza del hombre, un destino inmutable. Todas sus teorías reposan sobre este error fundamental, fuertemente apuntalado por la moral que no ve la sabiduría más que en las relaciones de familia, en la multiplicación de las chozas.

Los economistas, por lo tanto, han sancionado como necesarios los dos vicios radicales que han encontrado establecidos, el *fraccionamiento de la agricultura* y la *falsedad del comercio* librado a la competencia individual, que es totalmente mentirosa, perturbadora, y que necesita un número de agentes veinte veces superior a los que emplearía el régimen verídico. Sobre estos dos vicios reposa la sociedad que se llama *civilización*, la cual, lejos de ser el destino del género humano, es por el contrario la más vil de las sociedades industriales que este puede formar, porque es la más pérfida, a tal punto que genera el desprecio de los bárbaros mismos. Por otra parte, la civilización ocupa en la escala del movimiento un rol importante, puesto que es ella la que crea los resortes necesarios para encaminarse a la asociación; crea la gran industria, las ciencias puras y las bellas artes. Había que hacer uso de estos medios para llegar más alto en la escala social, no corromperse a perpetuidad en este abismo de miserias y de ridículos llamado civilización, que, con sus proezas industriales y sus torrentes de falsas luces, no sabe garantizar al pueblo trabajo y pan. En nuestro globo, así como en otros, la humanidad fue obligada a pasar aproximadamente una centena de generaciones en el mecanismo falso y fraccionado, comprendiendo los cuatro períodos, salvaje, patriarcal, bárbaro y civilizado, y de languidecer allí hasta que haya cumplido dos condiciones: 1°, Crear la gran industria, las ciencias puras y las bellas artes, siendo necesarios estos resortes para el establecimiento del régimen societario que es incompatible con la pobreza y la ignorancia; 2°, Inventar este mecanismo societario, este nuevo mundo industrial opuesto al fraccionamiento. Para cumplir con estos objetivos había numerosos caminos, de los cuales hablaré después de este resumen. Todos fueron pasados por alto, entre otros el cálculo de la atracción pasional que certificaba los éxitos de Newton en el cálculo de la atracción material. La primera condición estaba ampliamente cumplida, hace ya mucho tiempo que hemos llevado la industria, las ciencias y las artes al grado de desarrollo suficiente. Ya los atenienses habrían podido fundar el régimen societario, sustituyendo la esclavitud por rescates pagados anualmente. Pero la segunda condición no ha sido cumplida a cien años de comenzar a ocuparnos de la industria; no se ha soñado con inventar un mecanismo opuesto al fraccionamiento, a las pequeñas administraciones de familia: ni siquiera se ha propuesto la búsqueda de un régimen de industria combinada con funciones domésticas y agrícolas. Se proponen premios por centenares para controversias insignificantes, escritos parásitos, y ni siquiera una pequeña medalla para la invención del proceso societario natural.

Sin embargo, cada uno percibe que el mundo social no ha alcanzado el objetivo, y que el progreso de la industria no es más que un engaño para la multitud. En la tan celebrada Inglaterra, la mitad de la población se ve reducida a trabajar dieciséis horas por día, incluso una parte en talleres infectos, para ganar *siete sueldos*[1] *franceses* en un país donde la subsistencia es más costosa que en Francia. ¡Qué sabia es la naturaleza al inspirar a los salvajes un profundo desdén por esta industria civilizada, fatal para aquellos que la ejercen y provechosa solamente para los ociosos y para algunos jefes! Si la industria estuviera destinada solo a producir estos escandalosos resultados, Dios no la habría creado, o bien no habría dado a los humanos esta sed de riquezas que la industria civilizada no puede satisfacer, porque hunde en la miseria a toda la multitud industrial para enriquecer a algunos favoritos, que incluso, de creerles, se consideran a sí mismos pobres. Como réplica a los sofistas que encomian este caos social como una marcha rápida hacia la perfectibilidad creciente, insistamos sobre las cuatro condiciones primordiales de sabiduría industrial, ninguna de las cuales puede ser lograda en el régimen civilizado. Estas son: atracción industrial, repartición proporcional, equilibrio de población,

---

1. Un sueldo (*sou*, en el original) es el equivalente a la vigésima parte de un franco, es decir, 5 céntimos. La cantidad especificada por Fourier corresponde, entonces, a 35 centavos (Nota del traductor).

economía de resortes. Es un asunto muy nuevo, sobre el cual hace falta repetir algunas veces lo ya dicho para liberar al lector de sus numerosos prejuicios y revincularlo con principios seguros. He hecho observar que si el pueblo civilizado gozara de un *minimum* abundante, de una garantía de sustento y mantenimiento decente, se entregaría al ocio, porque la industria civilizada es muy repugnante. Por lo tanto, en régimen societario, el trabajo deberá ser tan atractivo como lo son hoy en día nuestros festines y nuestros espectáculos. En este caso, el reembolso del *minimum* anticipado estará garantizado por la atracción industrial o pasión del pueblo por trabajos muy agradables y muy lucrativos: pasión que podrá sostenerse solo en tanto se tenga un método de repartición equitativo, que asigne a cada individuo, hombre, mujer o niño, tres dividendos afectados a sus tres facultades industriales, *Capital*, *Trabajo* y *Talento*, que lo satisfagan plenamente. Cualquiera fuese este bienestar, el pueblo recaería en la miseria si se multiplicara sin límites, como el populacho de la civilización, los hormigueros de Inglaterra, Francia, Italia, China, Bengala, etc. Hay que descubrir entonces un medio de garantía contra el crecimiento indefinido de población.

Hay otros vicios contra los cuales el régimen societario deberá poseer garantías eficaces; el robo bastaría por sí solo para hacer abortar todas las tentativas de asociación: estas garantías se encuentran en el mecanismo de las Series Pasionales, y la civilización no puede apropiarse de ninguna: fracasa en todas las garantías que quiere ensayar, a menudo agrava el mal, como se ha visto en el asunto de la trata de negros y en el de la responsabilidad financiera. Existe una teoría especial sobre las garantías, pero nuestras ciencias la han olvidado igual que a la teoría de la asociación. Esta otorga a la ambición individual una posibilidad magnífica: vemos cantidad de personajes notables por el rango, la fortuna, las ideas, agitarse durante largos años para obtener el puesto de ministro, e incluso por cargos menos importantes; con frecuencia se los ve fracasar luego de penosos esfuerzos, y solo para terminar concibiendo una tristeza perpetua. He aquí, para los ambiciosos honorables, una carrera totalmente nueva y más brillante que la de ministro amovible. Aquí el éxito no será ni dudoso, ni diferido, el rol de fundador de la asociación no exigirá ninguna intriga, y llevará inmediatamente al aspirante a la cima de la fortuna y la gloria. Todo hombre o mujer libre que tenga un capital de cien mil francos para producir interés colocado en hipoteca, y que sobresalga lo suficiente para establecerse como jefe de una compañía de accionistas de dos millones de capital, puede fundar la *asociación natural o industria atractiva*, expandirla súbitamente por todo el globo, convertir a los salvajes a la agricultura, a los bárbaros a costumbres más educadas que las nuestras, lograr la liberación *convenida* de los esclavos, sin retorno a la servidumbre, el establecimiento universal de la unidad de relaciones en lenguaje, medidas, moneda, tipografía, etc.; y obrar otros cien prodigios por los que recibirá una magnífica recompensa, con el voto unánime de los soberanos y de las naciones.

Insisto en la miseria de las posibilidades actuales de celebridad y beneficio, que exigen trabajos horrorosos y exponen a un sinnúmero de contrariedades. El difunto duque de La Rochefoucauld-Liancourt se distinguió en una labor útil, la de fomento de la industria; obtuvo de ella muchas tribulaciones y, pienso, poco beneficio; e incluso fracasó en su objetivo, que era mejorar la suerte de las clases obreras. Más adelante se verá que el progreso industrial no es para el pueblo más que otro problema, mientras dure la civilización. En 1827, un acaudalado banquero había ideado el plan de una sociedad industrial comanditaria, y ya había reunido veinticinco millones de francos, con la esperanza de elevar estos fondos a cien millones. Habrían surgido buenas empresas de este proyecto, que hubiera hecho famoso a su autor; pero en poco tiempo sobrevinieron trabas, y la sociedad debió disolverse. El mismo banquero, queriendo intentar una gran combinación económica con las treinta y siete cervecerías de París, reuniéndolas en una sola, formó con este propósito una compañía que disponía de treinta millones de capital: volvió a encontrarse con obstáculos, con resistencias, y la compañía fue abortada luego de muchas vicisitudes penosas. Está comprobado por los hechos, pues, que no queda a las personas ricas ningún camino de éxito fácil, provechoso y exento de contrariedad. Aquel que se abre hoy para ellos reúne todas las ventajas, y no presenta ningún obstáculo. Sirve a los intereses de los gobiernos y de los pueblos, de los ricos y de los pobres; garantiza la rapidez de operación: en menos de dos meses de ejercicio, la cuestión se decidirá sin ninguna duda; en dos meses el fundador habrá determinado el cambio de la suerte del mundo entero, la desaparición de tres sociedades, civilizada, bárbara y salvaje, y el advenimiento del género humano a la unidad societaria, que es su destino. Y para obtener este triunfo, cien veces más brillante que los de los conquistadores, ¿hace falta una fortuna colosal? No: basta con un patrimonio burgués, como el de un candidato, trescientos mil francos, de los cuales cien mil deben ser capitales disponibles, que colocará como hipoteca a un gran interés, para la fundación de prueba del mecanismo societario. La facilidad de esta empresa, la garantía de éxito rápido, reposan sobre el hecho de que se alía con todas las pasiones. Lo he comprobado sobre la gran cuestión de la liberación de los esclavos. Esta será *convenida, consentida* e incluso *provocada* por los amos, impacientes por aprovechar los beneficios del estado societario; desde ese momento, ninguna clase será lastimada en sus intereses pecuniarios, mientras que siguiendo los métodos conocidos, los de Brissot, de Vilberforce y los de las sociedades de abolición de la trata, quedan comprometidos los intereses de los dueños de esclavos.

Remarquemos bien esta propiedad inherente al mecanismo societario: *contentar a todas las clases*, a todos los partidos; es por esa razón que el éxito será tan fácil y una pequeña prueba realizada sobre setecientas personas decidirá súbitamente la metamorfosis general, porque se verán realizados allí todos los beneficios que la filosofía se limita a soñar: libertad real, unidad de acción, reino de la verdad y de la justicia devenidas vías de fortuna; pero en el orden civilizado, donde la verdad y la justicia no conducen a la fortuna, es imposible que las mismas sean elegidas; así se ve a la trapacería y a la injusticia dominar en toda legislación civilizada, y aumentar en razón de los progresos de la industria y las ciencias. El pueblo, presintiendo su propio destino, es mejor juez que los sabios; da al estado civilizado el nombre de *mundo al revés*, idea que implica la posibilidad de un *mundo en el sentido recto*, del que se debía descubrir la teoría.

La clase sabia no ha presentido este nuevo mundo social que le indicaba la analogía; vemos en la naturaleza material una doble distribución, la de lo falso y la de lo verdadero; el orden combinado y justo de los planetas, el orden incoherente y falso de los cometas. ¿Las relaciones sociales no están sujetas a esta dualidad de marcha? ¿No puede existir un orden de verdad y libertad, por oposición al estado de falsedad y violencia que vemos reinar sobre nuestro globo? El progreso de la industria y de las ideas sirve solo para acrecentar la falsedad general de las relaciones y la pobreza de las clases que llevan el peso de la industria: nuestros plebeyos, nuestros obreros, son mucho más desdichados que el salvaje que vive en la despreocupación, la libertad y, a veces, en la abundancia, cuando la caza o la pesca han sido exitosas. Los filósofos, según sus propias doctrinas, deberían haber entrevisto el verdadero destino del hombre, y la dualidad de mecanismo en el movimiento social así como en el movimiento material; todos ellos concuerdan en enseñar que hay unidad y analogía en el sistema del universo. Escuchemos sobre esta tesis a uno de nuestros metafísicos célebres:

> "El universo está hecho sobre el modelo del alma humana, y la analogía de cada parte del universo con el conjunto es tal que la misma idea se refleja constantemente del todo en cada parte, y de cada parte en el todo."
> SCHELLING

Nada es más verdadero que este principio: el autor y sus discípulos debían concluir que si el mundo material está sujeto a dos mecanismos, combinación planetaria e incoherencia cometaria, el mundo social debe estar igualmente sujeto a dos mecanismos, de otro modo no existiría la analogía entre los dos mundos material y social, punto de unidad en el sistema del universo. Y como es evidente que nuestras sociedades civilizada, bárbara y salvaje representan el estado de incoherencia y de falsedad, el *mundo al revés*, había que buscar las vías del *mundo en el correcto sentido* es decir, el régimen de verdad y armonía societaria aplicables a las pasiones y a la industria, e incentivar esta búsqueda a través de concursos y premios.

Habiéndome dado el azar el germen de esta teoría en 1798, he llegado, en treinta años de trabajo, a simplificarla al punto de ponerla a disposición de los hombres menos instruidos, e incluso de personas frívolas y enemigas del estudio; es un cálculo de placeres, y es de la competencia tanto de mujeres como de hombres. Toda mujer que desee volverse ilustre y que tenga algunos medios pecuniarios, puede aspirar a la palma de fundadora de la unidad universal, y ponerse como jefe de la compañía de prueba. Este rol habría convenido a Mme. De Staël, que deseaba la fama y tenía una fortuna veinte veces más grande de la necesaria para ponerse a la cabeza de la fundación. Algunos hombres sin fortuna pueden también aspirar a este triunfo; un escritor de renombre puede persuadir a algún amigo de la humanidad, como el rey de Baviera, para realizar el experimento societario. En este caso el hombre que haya colaborado con esta fundación, a titulo de orador o promotor, participará del lustre y la recompensa del fundador. Es una empresa para la cual se pueden señalar, en Europa, cien mil candidatos provistos de los medios necesarios; no será difícil decidirse por uno, demostrándole que obtendrá una inmensa fortuna y gloria. Retomaré luego este tema, que sería aquí demasiado fascinante. El que tiene la suerte de ser el favorito de la corte no puede obtener un pequeño reino hereditario,

¿cómo podría creerse que el fundador del estado societario obtendrá un vasto imperio? Esto será demostrado con toda exactitud.

2.

Una de las causas que han retrasado la invención del mecanismo societario es que no se ha tenido la precaución de presentar, como motivo de esperanza y estímulo para el estudio, un cuadro de los inmensos beneficios de la asociación. Se podría llenar con esto muchos volúmenes; yo voy a limitarme a algunas páginas, en las que daré por supuesto el establecimiento de la asociación en todas partes, y los pueblos reemplazados por falanges industriales de aproximadamente mil ochocientas personas. Distingamos sus beneficios en negativos y positivos. El beneficio negativo consistirá en producir, *sin hacer nada*, más que los civilizados esforzándose lo más posible en el trabajo. Por ejemplo: he probado que una cocina societaria ahorraría, en comparación con lo que emplean las cocinas de los hogares, nueve décimos en combustible y diecinueve vigésimos en obreros. Además del producto de todos estos ahorros, se emplearía una forma de fabricación muy superior: el beneficio sería positivo y negativo a la vez, pues al ahorro prodigioso de combustible se sumaría la ventaja de la restauración de los bosques, manantiales y climas. Avancemos sobre la hipótesis de una explotación societaria, aplicándola a la pesca en los pequeños ríos. Se puede, a través de la inacción combinada, a través de un acuerdo en las épocas de apertura y veda de la pesca, decuplicar la cantidad de pescado y criarlo en reservorios. Así, solo por inacción, las reuniones societarias llamadas falanges industriales obtendrán diez veces más pescado, empleando en la actividad diez veces menos tiempo y brazos que nosotros, y concertándose además para la destrucción de las nutrias en todas las regiones. He ahí diversos campos sobre los cuales el beneficio es diez y veinte veces superior al nuestro; no exagero, por lo tanto, al estimar que el producto societario será el cuádruplo del nuestro, y se verá que este término medio está por debajo de la realidad. ¡Cuántos motivos a examinar si el proceso de asociación natural y de industria atractiva es verdaderamente descubierto! Continuemos con la estimación.

El ahorro de lo hurtado sería un inmenso beneficio obtenido *sin hacer nada*: la de la fruta es la más fácil de todas las recolecciones; pero el riesgo de robo impide que se cultiven nueve décimos de las plantaciones, obliga a una construcción de muros muy dispendiosos y perjudiciales. La Asociación, exenta del riesgo de hurto, podrá multiplicar treinta veces las plantaciones de árboles con menos esfuerzo del que hoy se emplea en cercarlas y vigilarlas. Habrá una abundancia tal de frutos que se alimentará con ellos a los niños todo el año, conservando la cosecha con procedimientos científicos y empleándolos en compotas y confituras que costarán menos que el pan; porque, al tener el régimen de las Series Pasionales la propiedad de crear la atracción industrial y convertir a los salvajes, a los negros, etc., al trabajo agrícola, la zona tórrida también se cultivará en todos sus puntos, y el azúcar no costará, a igual peso, más que el trigo. En este caso la compota con un cuarto de azúcar se volverá, para la clase pobre, un alimento menos caro que el pan: pues la fruta de tercera clase, fruta utilizada para la compota y la mermelada, no costará casi nada, tan grandes serán los huertos cuando ya no se tema el robo y la restauración climática, efecto de los cultivos generales y metódicos, sea una garantía segura de buena cosecha: estas se reducen hoy a la tercera parte de lo que serán luego de dicha restauración, que tendrá lugar en el quinto año de régimen societario. En lugar de esta sobreabundancia, los civilizados están privados, en cuestión de frutas, incluso de lo necesario: porque el miedo al hurto les impide dejar madurar las pocas que tienen. Los habitantes *buenos y simples* del campo son tan pícaros, que no dejarían un fruto en un árbol sin cerco, a menos que se lo recogiera antes de estar maduro: este riesgo obliga a hacer una única recolección, en lugar de tres, lo que es muy perjudicial para la calidad de las frutas. Para trescientas familias de una aldea civilizada serían necesarias trescientas protecciones amuralladas; sería un gasto tres veces mayor que el de la plantación misma; por otra parte la plantación está fuertemente obstaculizada por el riesgo de los fraudes que se sufren al contratar fruticultores; fraudes que cesarán cuando el régimen comercial haya pasado del régimen mentiroso, o civilizado, al régimen verídico.

Es cierto, entonces, que el régimen societario, sin hacer nada o haciendo muy poco, ganará diez veces más de lo que los civilizados ganan esforzándose en los trabajos. A menudo el beneficio tendrá lugar en un doble sentido, como en el ejemplo siguiente. Vemos a cien lecheros civilizados llevar al mercado trescientos jarros de leche, que en asociación serían reemplazados por un tonel en un carro con sopanda, transportado por un hombre y un caballo, en lugar de cien mujeres, trescientas jarras y una treintena de asnos. Esta economía se elevaría de lo simple a lo compuesto, del productor al consumidor, pues el lechero llegado a la ciudad distribuiría su tonel entre tres o cuatro *administraciones domésticas progresivas* (administraciones domésticas de aproximadamente dos mil personas que forman las ciudades en asociación); la economía ya cincuenta veces superior en cuanto al transporte, aumentará igual cantidad debido a la distribución limitada a tres o cuatro talleres en lugar de mil familias.

Uno de los aspectos brillantes de la industria societaria será la introducción de la verdad en el régimen comercial. La asociación, al sustituir la competencia individual, mezquina, mentirosa, perturbadora y arbitraria por la competencia corporativa, solidaria, verídica, simple y garantizada, empleará apenas la vigésima parte de los brazos y capitales que la anarquía mercantil o competencia mentirosa sustrae a la agricultura para absorberlos en funciones totalmente parásitas, a pesar de lo que digan los economistas; porque todo lo que puede ser suprimido en un mecanismo sin disminuir el efecto juega un rol parásito. Uno construye un asador de dos ruedas; si un obrero encuentra el medio de introducir cuarenta ruedas en ese asador, habrá treinta y ocho parásitas. Así es como opera el comercio mentiroso o sistema de competencia perturbadora con muchedumbre de agentes.

Una falange industrial o cantón societario no haría más que una sola negociación de compra o de venta, en lugar de trescientos negocios contradictorios que ocupan a trescientos jefes de familia, los cuales pierden en los mercados y tabernas trescientos días vendiendo saco por saco una cantidad de mercancías que la falange societaria vendería en su totalidad a dos o tres de las falanges vecinas, o a una agencia de comisión provincial. En comercio, como en toda otra rama de relaciones, el mecanismo civilizado no es nunca más que la extrema complicación, el modo más perjudicial y el más falso. Es muy sorprendente que nuestros filósofos, que se dicen apasionados por la augusta verdad, estén apasionados también por el comercio individual, que es la anarquía del fraude: ¿han encontrado alguna vez la augusta verdad en alguna rama del comercio? ¿Se habrá refugiado con los mercaderes de caballos o con los mercaderes de vino? Tampoco se la encontrará bajo las columnatas de la Bolsa. Tenemos también, fuera de la industria, mil millones de funciones parásitas, algunas muy visibles como las de la justicia, que no se sostienen más que sobre los vicios del régimen civilizado, y que se perderían con la llegada del estado societario. Otras funciones parásitas son desapercibidas y hasta son reputadas como útiles, por ejemplo el estudio de las lenguas, trabajo muy penoso y que produce incluso menos que nada. En efecto: desde el comienzo del estado societario, se adoptará un lenguaje unitario provisorio, quizás el francés, si se le agregan alrededor de tres o cuatro mil palabras que le faltan. Todo niño será educado para hablar desde la más baja edad esta lengua general, por lo que cada uno, sin estudio de lenguas, podrá comunicarse con todo el género humano, y en este aspecto sabrá mucho más que quien emplea hoy veinte años a estudiar veinte lenguas, sin poder hacerse entender en tres cuartos de las naciones existentes.

La perfección será mucho mayor en los trabajos públicos. Hoy, un estado considerado opulento, Francia, no tiene los doscientos millones que exigiría la reparación de sus mezquinas rutas: en asociación habrá, por todo el globo, de un cantón al otro, grandes rutas con diversas aceras; estas excelentes rutas serán construidas y mantenidas sin impuestos por cada cantón, excepto aquellas que sean de servicio general para los correos y para el transporte en carretas. Un catastro de Francia debe costar, se dice, cien millones, cincuenta años de trabajo y sería casi inútil, pues los límites de las propiedades habrán cambiado totalmente cuando haya sido terminado. Un catastro del globo entero demandará solo un año, y casi ningún gasto, pues cada falange hará, a sus expensas, el plan de su cantón, con indicación de la naturaleza de los terrenos. Ciertas funciones civilizadas insumen mil veces más tiempo del necesario: una elección, entre nosotros, cuesta a cada elector alrededor de cinco días de pérdida, incluidas las reuniones y negociaciones que la preceden, los gastos de viaje, etc.: en asociación costará solo dos tercios de minuto, sin ningún viaje: es aproximadamente cuatro milésimas del tiempo que consume hoy en día. Describiré en el resumen este modo de elección que empleará menos de un minuto, y en el cual intervendrán trescientos millones de electores.

He hecho poca mención de los productos positivos; no se podrá juzgarlos más que cuando se conozcan las influencias del método llamado *Series Pasionales*, los medios de perfeccionamiento y de economía que provee. Se verá que con la ayuda de este método el producto societario se elevará muy por encima del cuádruple del nuestro. Por ejemplo, el caballo de las Ardenas es la raza más enclenque de Europa. En lugar de ese caballo que no vale cien francos, las falanges de las Ardenas sabrán poblar su región con razas por las que hoy se pagaría cien luises, y cuya longevidad sería doble.

En casos donde nos parece imposible alcanzar apenas la duplicación del producto, por ejemplo en el cultivo de la viña, que no permite una segunda recolección, el estado societario sabrá alcanzar mucho más del cuádruplo, por combinación de diversos medios, a saber:

1. Manutención metódica y completa.

2. Conservación general hasta la maduración.

3. Injertos adecuados y cortes diarias.

4. Calidad refinada por el equilibrio de temperatura.

5. Cantidad obtenida por la misma causa.

No solamente estos medios reunidos elevarán por encima del cuádruplo el producto de la viña, sino que uno solo de los cinco puede, en diversos casos, dar este cuádruplo. He aquí la prueba: conozco un vino que, luego de la recolección, no habría sido vendido a más de veinticinco céntimos. Conservado y mantenido hábilmente durante cinco años, llegaba a costar cincuenta céntimos y se encontraba comprador por dos francos y medio, cantidad que es el quíntuplo del precio real, incluidos los intereses y otros gastos. Pero sobre el producto total de este cantón, ni una décima parte había podido ser mantenida y conservada de esa manera durante cinco años; la mayoría de los cultivadores están apurados impacientes por vender; este vino, que hay que guardar cinco años, no será guardado cinco meses; se consumirá en los pequeños hogares y en las tabernas antes de haber alcanzado la cuarta parte de su valor posible. Si a esta posibilidad de conservación general que puede, por sí sola, cuadruplicar el valor real de ciertos vinos, se agrega el beneficio de las otras cuatro posibilidades, es evidente que, sobre la misma viña, el estado societario sabrá obtener un producto diez veces superior, suponiendo que sea duplicado, en término medio, por cada una de las cinco posibilidades; y especialmente por la anulación del castigo llamado *segundo invierno o luna roja* que, al retrasar la aparición de la vegetación, impide una segunda cosecha y maltrata frecuentemente a la primera.

Como tesis general, la civilización en su conjunto presenta dos tercios de personas improductivas; haré un cuadro detallado de esto. En este número figuran no solo los improductivos comprobados, como los militares, los empleados aduaneros, los agentes fiscales, sino también la mayoría de los agentes reputados útiles, como los criados, e incluso los cultivadores que son parásitos en un gran número de funciones. Una vez vi a cinco niños empleados para custodiar cuatro vacas, a las que incluso les dejaban comer las espigas de trigo. A cada paso se encuentra este desorden en la gestión civilizada. Sumando a lo anterior el ahorro de las clases destruidas por las fatigas, los excesos, la navegación imprudente, las epidemias, los contagios, habrá, entre los civilizados y los pueblos societarios, una diferencia decuplicada en cuanto a las facultades industriales o productos que se pueden obtener de una masa de habitantes en un terreno dado. En efecto, si los hombres, mujeres y niños trabajan por placer, desde la edad de tres años hasta la extrema vejez; si la destreza, la pasión, la mecánica, la unidad de acción, la libre circulación, la restauración de temperatura, el vigor, la longevidad de los hombres y los animales, elevan a un grado incalculable los medios de la industria, estas posibilidades acumuladas llevarán rápidamente al décuplo la masa del producto;

y es en consideración a la costumbre que enuncio solo el cuádruplo, por miedo a espantar con perspectivas colosales, aunque sean muy exactas. Estas mejoras tendrán efecto principalmente sobre la suerte de los niños, muy mal dirigidos por las amas de casa quienes, en sus chozas, sus graneros y sus trastiendas no tienen nada de lo que es necesario para el cuidado de los niños; no tienen ni los recursos, ni la pasión, ni los conocimientos, ni el discernimiento que exige este cuidado. En las grandes ciudades como París, e incluso en las más chicas como Lyon y Rouen, los niños son víctimas de la insalubridad de un modo tal que mueren ocho veces más que en los campos saludables. Está probado que, en diversos barrios de París donde la circulación del aire es dificultada por cursos estrechos, reina un mefitismo que ataca especialmente a los niños en su primer año; se ve, entre aquellos con menos de un año, una mortalidad que se lleva a siete de cada ocho, antes de cumplir doce meses; mientras que en los campos saludables como los de Normandía, la mortalidad de esta categoría de niños está limitada a uno sobre ocho. Será apenas de uno sobre veinte en las falanges societarias que, a pesar de este beneficio relativo a la población, no procrearán tantos niños como los civilizados. La tierra, aunque diera el cuádruplo o décuplo del producto, estaría rápidamente cubierta de miserables como hoy, si el estado societario no tuviera la facultad de establecer el equilibrio en población, como en todas las ramas del mecanismo social. He demostrado, con algunos detalles, cuán gigantescos serán los beneficios de la asociación: un cuadro completo de estos beneficios llenaría muchos volúmenes. He cometido una falta inexcusable al descuidar la publicación de este compendio de resúmenes, con el cual cada uno habría concluido que es imposible que Dios, a título de *Supremo administrador*, no haya preparado los medios de organizar este régimen de economía y de verdad de donde nacerían tantos prodigios. Creer que Dios ha actuado así es acusarlo implícitamente de ser el enemigo de la economía y de la mecánica. A esto se replica: "¡Tanta perfección *no está hecha para los hombres!*". ¿Qué saben ellos de eso? ¿Por qué desesperar de la sabiduría de Dios antes de haber estudiado sus intenciones con el cálculo de la *revelación social permanente*, o atracción pasional, cuyos fines solo pueden ser determinados procediendo regularmente por análisis y síntesis? Pretender que tal grado de perfección no está hecho para los hombres, es acusar a Dios de maldad; porque Él posee un medio seguro de aplicar a las relaciones humanas este sistema que tanto le place. Dicho medio es la atracción, cuyo único distribuidor es Dios; ella es, para Dios, una varita mágica que genera pasión en todas las criaturas por la ejecución de las voluntades divinas. Por lo tanto, si Dios se complace en el régimen de perfección social que sería el de unidad societaria, justicia y verdad, le basta, para hacernos adoptar este régimen, con volverlo atractivo para cada uno de nosotros. La perfección está, pues, hecha para los hombres, si esa es la voluntad de Dios, de lo que no caben dudas. Por haber esperado demasiado poco de Dios hemos perdido los caminos de perfección social, que habría sido muy fácil de descubrir a través del cálculo de la atracción. Pero este cálculo parece absurdo a primera vista; nos indica que cada uno querría millones y un palacio; ¿cómo hacer para dárselos a todo el mundo? ¡Objeciones frívolas! ¿Es ese un motivo para abandonar un estudio? Continúen sin miedo, sigan el precepto de sus filósofos que les ordenan *explorar por completo el* dominio de la ciencia; completen eso que Newton comenzó, el cálculo de la atracción: les enseñará que aquel que desea millones y un palacio, desea demasiado poco; pues en el estado societario el más pobre de los hombres gozará de quinientos mil palacios, donde encontrará gratuitamente muchos más placeres de los que puede procurarse un rey de Francia, con treinta y cinco millones de renta y una docena de palacios donde sus placeres se limitan a escuchar pedidos de sinecuras, intrigas de partido, ser hostigado por la etiqueta, y no tener otra distracción que las cartas o la caza, degenerada en matanza, en placer de carnicero. Deseamos pues demasiado poco, eso es lo que probará el cálculo de la atracción. Dios nos prepara una dicha muy superior a nuestras mediocres ambiciones: pidamos mucho a aquel que puede mucho; esperar de él riquezas mediocres, placeres mediocres, es injuriar su generosidad.

El destino del género humano es, o la inmensa dicha bajo el régimen divino y societario, o la inmensa desdicha bajo las leyes de los hombres, en el estado de industria fraccionada y engañosa que, comparándola con la societaria, no da siquiera la cuarta parte en producto efectivo, ni un cuarentavo en gozos. Vemos a los civilizados dispuestos a soportar fatigas, peligros y naufragios, para intentar duplicar su fortuna, o adquirir una pequeña ganancia: he aquí una posibilidad mucho más ventajosa, la de cuadruplicar súbitamente su fortuna, sin alejarse ni correr ningún riesgo sanitario o pecuniario. "¿Qué habrá que hacer, entonces?", exclaman los hombres. No otra cosa más que divertirse de la mañana a la noche, ya que los divertimentos llevarán al trabajo, que se habrá vuelto mucho más atractivo que los espectáculos y los bailes de hoy. Cuanto más deslumbrantes son estas perspectivas del estado societario, más importa estar seguro de la exactitud de la teoría, de que el cálculo de la atracción industrial y del mecanismo de las pasiones sea realmente descubierto. Para familiarizar a los espíritus con esta extraña novedad, habrá que iniciarlos un poco en el conocimiento del movimiento y de los destinos a los que se reputaba como impenetrables, cubiertos con un velo de bronce. Existe ciertamente un velo, una catarata de las más espesas, que ciega el espíritu humano: esta catarata se compone de quinientos mil tomos, que declaman contra las pasiones y la atracción, en lugar de estudiarlas. Aunque la atracción sea deslumbrante y absurda a primera vista, no debe ser juzgada por estas apariencias, sino por el conjunto del mecanismo al cual tienden sus impulsos, que nos parecen viciosos cuando se los observa en detalle. Para generar esta confianza, voy a explicar el propósito de uno de estos impulsos considerados viciosos. Elijo la inclinación más general y más atacada por la educación, la gula de los niños, su pasión por las golosinas, contra el parecer de los pedagogos, que les aconsejan amar el pan, comer más pan que pitanza.

¡La naturaleza es muy torpe, al dar a los niños gustos tan opuestos a las sanas doctrinas! Todo niño considera como un castigo un almuerzo con pan seco; desearía cremas azucaradas, lácteos y pasteles con azúcar, mermeladas y compotas, frutos naturales y confites, limonadas, naranjadas y vinos blancos dulces. Notemos con precisión estos gustos, que dominan en todos los niños; hay, en este punto, un gran pleito a decidir: se trata de determinar quién está equivocado, o Dios, o la moral. Dios, distribuidor de la atracción, da a todos los niños este gusto por las golosinas; estaba en su poder infundirles el gusto por el pan seco y el agua, y habría servido a los fines de la moral. ¿Por qué obra entonces conscientemente contra las sanas doctrinas civilizadas? Expliquemos estos motivos.

Dios ha dado a los niños el gusto por las sustancias que serán las menos costosas en el orden societario. Cuando todo el globo esté poblado y cultivado, gozando de la libre circulación, sin ninguna aduana, los manjares azucarados de los que he hablado antes, serán mucho menos costosos que el pan; los comestibles más abundantes serán la fruta, los lácteos y el azúcar, pero ya no el pan cuyo precio se elevará mucho, porque los trabajos de cultivo del trigo y preparación diaria del pan son penosos y poco atractivos; habrá que pagar por ellos mucho más que por aquellos relacionados con los huertos y la confitería. Y como conviene que los niños gasten menos que los padres en alimento y en entretenimiento, Dios ha obrado juiciosamente al darles atracción por estos dulces y golosinas, que serán menos caras que el pan, cuando se haya alcanzado el estado societario. Entonces quedará claro que las sanas doctrinas morales están totalmente equivocadas en lo que respecta a la alimentación de los niños, así como en todos los otros puntos en los cuales contrarían la atracción. Se reconocerá que *Dios hizo bien todo aquello que hizo*, que tuvo razón al dar a los niños atracción por los lácteos, frutas y pasteles con azúcar; y que en lugar de perder tontamente tres mil años declamando contra la más docta obra de Dios, contra la distribución de los gustos y las atracciones pasionales, se habría hecho mejor en estudiar su propósito con un cálculo del conjunto de estos impulsos que la moral cuestiona en detalle, so pretexto de que son perjudiciales en el orden civilizado y bárbaro; eso es cierto, pero Dios no ha hecho las pasiones para el orden civilizado o bárbaro. Si hubiera querido mantener exclusivamente estas dos sociedades, habría dado a los niños el amor por el pan seco, y a los padres el amor por la pobreza, ya que tal es la suerte de la inmensa mayoría de los civilizados y bárbaros. Será un estudio muy divertido y placentero el de examinar los usos de cada rama de atracción, la utilidad de cada una en el mecanismo societario: todas serán reconocidas tan justas, tan bien adaptadas como la gula de los niños; cada uno se convencerá de que sus pasiones, sus instintos más criticados encuentran usos preciosos en este nuevo orden: ¿hubo alguna vez descubrimiento más placentero para todo el mundo? "Pero, ¿cómo puede ser, se preguntarán algunos, que una invención tan preciosa sea la obra de un desconocido que no figura en el mundo de los sabios? Tantos hombres célebres, desde Platón hasta Voltaire, han explorado el dominio de las ciencias: ¿se puede pensar que se hayan perdido el más precioso de los descubrimientos? Eso no es creíble, este cálculo de la atracción y de la asociación no puede ser más que una charlatanería: es alguna visión, algún sueño vacío".

Así razona el orgullo: las personas se ofenden al ver a un desconocido levantar la palma que tantos otros habrían podido recoger antes que él. Prefieren rechazar un descubrimiento feliz antes que recibirlo de un intruso. Por otra parte, el amor propio está encantado cuando rechaza las ideas nuevas. Cien mil pigmeos del siglo xv se creían hombres de genio, al burlarse de Cristóbal Colón, que les demostraba la esfericidad del globo, la existencia probable de un nuevo mundo continental. Yo respondo a estos detractores: ¿cómo puede ser que descubrimientos eminentemente útiles y al alcance de todo el mundo, como el estribo y la sopanda, hayan escapado a la inteligencia de veinte siglos? No faltaban buenos mecánicos en Roma y Atenas, capaces de hacer estos fáciles descubrimientos. Todo carretero, todo caballero podía inventar la sopanda y el estribo, cosas necesarias para todo el mundo, porque todos viajan a caballo o en coche. Los coches de los Cesares, de los Pericles daban tumbos como nuestras carretas; los caballeros romanos estaban sometidos a estorbosas molestias, que un estribo habría evitado; se colocaban mojones en el camino, de tanto en tanto, para ayudarlos a volver a subir al caballo. Considerando esta omisión de la docta antigüedad con respecto a dos invenciones que estaban al alcance de todo hombre simple, ¿nos sorprenderemos de que al mundo sabio se le haya escapado una teoría vasta y brillante como la de la atracción pasional? Por otra parte, poseemos su germen desde hace apenas un siglo, desde Newton, que descubrió la mina. Ahora bien, si se tarda veinte siglos en inventar cosas fáciles, como la sopanda y el estribo, ciertamente se puede tardar un siglo en invenciones trascendentes como la de la atracción, cálculo fácil de entender hoy que está hecho y puesto en orden. Pero la búsqueda era más difícil para los sabios que para los demás hombres, porque el mundo erudito está totalmente imbuido de una doctrina llamada moral, que es enemiga mortal de la atracción pasional. La moral enseña al hombre a estar en guerra consigo mismo, a resistir a sus pasiones, a reprimirlas, a despreciarlas, a creer que Dios no ha sabido organizar sabiamente nuestras almas, nuestras pasiones; que tenía necesidad de las lecciones de Platón y Séneca para aprender a distribuir los caracteres y los instintos. Imbuido de estos prejuicios sobre la impericia de Dios, el mundo erudito no podía lograr el cálculo de los impulsos naturales o atracciones pasionales, que la moral proscribe y relega al rango de los vicios. Es verdad que estos impulsos solo nos conducen al mal, cuando nos libramos a ellos individualmente; pero había que calcular el juego de esos impulsos sobre una masa de alrededor de dos mil personas societariamente reunidas, y no sobre familias o individuos aislados: esto es lo que el mundo erudito no ha imaginado; habría reconocido por este estudio que, una vez alcanzado el número de mil seiscientos societarios, los impulsos naturales llamados atracciones tienden a formar series de grupos contrastados, en las cuales todo conduce a la industria, que se vuelve atractiva, y a la virtud, que se vuelve lucrativa. Al ver este mecanismo, o solamente haciendo el cálculo de sus propiedades, se comprenderá que *Dios ha hecho bien todo lo que ha hecho*, y que en lugar de perder tontamente treinta siglos en insultar la atracción que es la obra de Dios, deberían haberse dedicado treinta años a estudiarla, como yo lo he hecho. Las ciencias debían seguir sus preceptos de *estudiar por entero el dominio de la naturaleza, estudiar al hombre, el universo y Dios*; debían, en lugar de criticar en detalle nuestras atracciones, estudiarlas en su totalidad, en su conjunto, aplicadas a masas numerosas. La atracción es el motor del hombre, es el agente que Dios emplea para mover el universo y al hombre; no se podía pues estudiar *al hombre, el universo y Dios*, más que estudiando la atracción *en su totalidad*, en lo pasional como en lo material. Finalmente el error es reparado, el cálculo de la atracción pasional es descubierto, y el mundo puede, al instante, dirigirse a su dichoso destino. Solo debe limitarse en esta coyuntura a verificar si la teoría es justa, y no emplear ni chicanear al inventor sobre las formas. Es el fondo lo que hay que examinar. ¡Se ha concedido tanta importancia a los charlatanes en materia de asociación! El verdadero inventor no demanda más que justicia. Los charlatanes han encontrado los medios para fundar, desde hace veinte años, una veintena de establecimientos que, tanto en Inglaterra como en América, han fracasado completamente en su objetivo: el inventor no quiere formar más que un solo establecimiento que, en dos meses, alcanzará su propósito y obrará la imitación general con el cebo del beneficio y del placer. Pero este inventor comete la equivocación de no acordar con ciertas ciencias estimadas por todos. Si yo estuviera de acuerdo con las ciencias políticas y morales, sería solo un sofista más: Galileo, Colón, Copérnico, Newton, Linneo, desmintieron a su siglo: un inventor está obligado a contradecir los errores dominantes; un charlatán, para engañar, alaba a todos los sofistas; ¿cuál de los dos es digno de confianza? Se pretende que la historia ilumina a los pueblos y rectifica su juicio, nada es más falso, pues son hoy en día más hostiles contra las invenciones de lo que lo eran en tiempos de Galileo. Cien veces la historia les ha dicho que "los grandes descubrimientos han sido debidos a menudo a los juegos del azar más que a las especulaciones del genio; que el genio y el buen espíritu raramente se encuentran en los bellos espíritus, gente rutinaria y poco susceptible a las ideas nuevas".

A pesar de las lecciones de la historia y de la experiencia, se exige que un inventor sea un personaje académico en las formas y el estilo. ¿Eran entonces académicos los que descubrieron los anteojos y la brújula? Eran niños y seres tan oscuros que su nombre no se ha transmitido. Cuando un tesoro ha sido aportado, apresúrense a disfrutarlo, en lugar de intentar procesos contra aquel que lo ha encontrado; ¿por qué querellarlo sobre las formas y el estilo? Que se exprese en *patois*, poco importa: ¿la invención posee menos valor? Zoilos que pretenden que el espíritu académico es necesario en un inventor, ¿qué bien su facundia ha procurado a las naciones modernas? El examen de esta cuestión terminará el prefacio.

3.

En toda ciencia el reino de lo falso precede al reino de lo verdadero; antes de la química experimental se ha visto a los alquimistas ocupar la escena; antes de la astronomía exacta, se ha visto dominar a la astrología judiciaria; antes del nacimiento de la economía societaria hemos visto dominar durante un siglo la economía anti-societaria o teoría del fraccionamiento, incentivando a los pequeños productores que son pequeños vándalos en industria. Por todas partes el sofisma se apodera de las ciencias nuevas antes de que la razón haya sabido trazarles el camino a seguir; así, apenas las ideas de asociación comienzan a despuntar, ya los espíritus se extravían en este asunto a causa de los oscurantistas del método societario, los Owenistas, que se han apropiado de la opinión. ¿Cuántas ciencias, y de las más reverenciadas, se encuentran todavía en esta etapa de tinieblas que precede al reino de lo verdadero? Por ejemplo, la moral: ¿cómo conciliarla con ella misma? Por una parte, nos predica el desprecio de las riquezas y el amor de la augusta verdad; por otra, excita el amor por el comercio que solo tiende a amasar riquezas por medio de la práctica de todas las astucias. Se encuentra igual inconsecuencia, igual contradicción en todas las ciencias llamadas filosóficas. En el último siglo, Condillac decía de los filósofos: "El arte de abusar de las palabras sin entenderlas es para ellos el arte de razonar: de suposición falsa en suposición falsa, se han extraviado en un cúmulo de errores, y habiéndose transformado estos errores en prejuicios, los han tomado por principios. Cuando las cosas han llegado a este punto, cuando los errores se han acumulado así, no hay más que un medio de volver a poner orden en la facultad de pensar, y es olvidar todo lo que hemos aprendido, y de rehacer, dice Bacon, el entendimiento humano". Era ese el siglo de la modestia; no había vergüenza en confesar que tal y tal ciencia estaban todavía en la cuna, y sobre todo la política social; sus corifeos lo denunciaban con amargura y desdén. Escuchémoslos hablar. Montesquieu: "Las sociedades civilizadas están atacadas de una enfermedad de languidez, de un vicio interior, de un veneno secreto y escondido (el fraccionamiento)". J. J. Rousseau: "No están allí los hombres; hay algún trastorno cuya causa no sabemos penetrar". Voltaire: "Muestren el hombre a mis ojos: avergonzado de ignorarme, en mi ser, en mí, intento penetrar; pero, ¡qué espesa noche vela todavía la naturaleza!". Barthelemy: "Estas bibliotecas, supuestos tesoros de conocimientos sublimes, no son más que un depósito humillante de contradicciones y de errores". Stael: "Las ciencias inciertas han destruido muchas ilusiones sin establecer ninguna verdad; hemos caído en la incertidumbre a través del razonamiento, en la infancia a través de la vejez".

Hoy la escena cambia, todo este laberinto de sistemas filosóficos se ha transformado en torrentes de luz, en marcha rápida y vuelo sublime hacia la región de las perfectibilidades. Es sobre todo en política industrial que nuestro siglo presenta este orgullo; altivo a causa de algunos progresos en lo material, no percibe que está en retrogradación política, y que su marcha rápida es la del cangrejo, que camina, pero reculando. El industrialismo es la más reciente de nuestras quimeras científicas; es la manía de producir confusamente, sin ningún método de retribución proporcional, sin ninguna garantía para el productor o el asalariado de participar en el crecimiento de la riqueza; así, vemos que las regiones industrialistas están tan sembradas de mendigos como las comarcas indiferentes a este género de progreso, o quizás más. Es importante disipar desde el prefacio las ilusiones del industrialismo o abuso de la industria, porque es el régimen más opuesto a la política societaria, que tiene por base: la atracción industrial, la repartición proporcional, la economía de resortes, el equilibrio de población, y otras reglas de las que se aleja en todo sentido el sistema industrialista, producción desordenada, sin garantía de justicia distributiva. Juzguemos aquí los sistemas por los resultados: Inglaterra es el punto de mira, el modelo propuesto a las naciones, el objeto de su celo; para apreciar el bienestar de su pueblo, me apoyaré en testimonios irrecusables. *Asamblea de maestros artesanos de Birmingham*, 21 de marzo de 1827. Declara que "la industria y la frugalidad del obrero no pueden colocarlo al abrigo de la miseria, que la masa de asalariados empleados en la agricultura está desnuda, que muere realmente de hambre en un país donde hay sobreabundancia de víveres." Declaración tanto menos sospechosa puesto que parte de la clase de los maestros de talleres, interesados en redimir el salario de los obreros y disfrazar su miseria. He aquí un segundo testimonio igualmente interesado en disimular el costado débil de su nación; es un economista, un industrialista que va a denunciar a su propia ciencia. Londres, Cámara de los Comunes, 28 de febrero 1826. *Sr. Huskisson, ministro de Comercio*, dice: "Nuestras fábricas de seda emplean millares de niños que son obligados a trabajar desde las tres de la mañana hasta las diez de la noche: ¿cuánto se les da por semana? Un chelín y medio, 1,85 francos, aproximadamente 27 centavos al día por trabajar diecinueve horas, vigilados por encargados provistos de un látigo con el que golpean a todo niño que se detiene un instante". He ahí la esclavitud restablecida en los hechos: es evidente que el exceso de competencia industrial conduce al pueblo civilizado al mismo grado de pobreza y servidumbre que los populachos de China y el Indostán, famosos desde antaño por sus prodigios agrícolas y manufactureros. Al lado de Inglaterra coloquemos a Irlanda que, por el doble exceso de cultivo exagerado y subdivisión de las propiedades, ha alcanzado la misma miseria, a la que Inglaterra llega por el doble exceso de manufacturas y grandes propiedades. Este contraste, dentro de un mismo imperio, demuestra bien el círculo vicioso de la industria civilizada. Los *Diarios de Dublín* de 1826 dicen: "Reina aquí una epidemia *entre el pueblo*: los enfermos que son llevados al hospital se curan tan pronto como se les da de comer". Su enfermedad es entonces el hambre: no hace falta ser brujo para adivinarlo, puesto que sanan tan pronto como encuentran qué comer. No tengan miedo de que esta epidemia alcance a los importantes: no se verá ni al Lord gobernador, ni al arzobispo de Dublín caer enfermos de hambre, sino más bien de indigestión. Y en los lugares donde el pueblo civilizado no muere de hambre *urgente*, muere de hambre *lenta* por las privaciones, de hambre *especulativa* que lo obliga a alimentarse de cosas malsanas, de hambre *inminente* al excederse de trabajo, al librarse por necesidad a funciones perniciosas, a fatigas excesivas de donde nacen las fiebres, las enfermedades: en todos los casos significa marchar hacia la muerte a través de la miseria. Y cuando no pasa hambre, ¿con qué subsiste? Para juzgarlo hay que ver de cerca cómo se alimenta el campesino francés, incluso en las provincias alabadas por su fertilidad. Ocho millones de franceses no comen pan, no tienen más que castañas u otras miserias: veinticinco millones de franceses no tienen vino, y sin embargo estamos obligados, por sobreabundancia, a tirar a las alcantarillas cosechas enteras. He ahí el vuelo sublime de la industria hacia la perfectibilidad; y sin embargo cada año vemos aparecer una docena de filosofías nuevas sobre las riquezas de las naciones: ¡cuántas riquezas en los libros, cuánta miseria en las cabañas! A estas ilusiones, opongamos las realidades: ¿es un vuelo sublime que la situación de Londres, incluso haciendo uso del socorro anual de doscientos millones acordados a los indigentes, contenga todavía:

117.000 pobres conocidos a cargo de las parroquias,

115.000 pobres abandonados, mendigos, rateros, vagabundos, entre los cuales se destacan:

3.000 judíos que distribuyen moneda falsa, que incitan a los criados a robar a sus amos, a los hijos a robar a sus padres.

TOTAL: 232.000 pobres

...en la ciudad que es el gran centro de la industria? Francia marcha hacia esta miseria: París tiene 86.000 pobres conocidos, y quizás igual número de desconocidos. Los obreros franceses son tan miserables, que en las provincias de industria desarrollada como la Picardie, entre Amiens, Combray y Saint-Quentin, los campesinos no tienen cama; se preparan una cucheta con hojas secas que, durante el invierno, se pudren y se llenan de gusanos; de manera que, al despertar, los padres y los hijos se arrancan los gusanos aferrados a sus carnes. El alimento, en estas cabañas, tiene la misma elegancia que el mobiliario. Tal es la dichosa fortuna de la bella Francia. Se podría citar una docena de sus provincias donde existe la miseria: Bretagne, Limousin, haute Auvergne, Cévennes, Alpes, Jura, Saint-Étienne, e incluso en la bella Touraine, llamada "jardín de Francia". A esto los industrialistas responden que habría que propagar el saber, la instrucción; ¿de qué sirven a miserables que no tienen con qué subsistir? Los empujará a la revuelta. Esta degradación de la humanidad engendra el ateísmo, que aumenta en razón del progreso de la industria civilizada. La misma parece una burla de la naturaleza contra la humanidad: el ateísmo es el resultado necesario de una civilización prolongada demasiado tiempo y que da vasto desarrollo a la industria antes de conocer el método de repartición proporcional y de garantía de *minimum* al pueblo: en otras palabras, antes de conocer el código natural o divino sobre las relaciones industriales. Dios hace códigos sociales incluso para los insectos; ¿habría podido olvidar hacer uno para el género humano, mucho más digno de su solicitud que las abejas, las avispas, las hormigas? ¿Habría creado entonces las pasiones y los elementos de la industria, sin saber a qué orden los destinaba? En ese caso sería más imprudente que nuestros mismos obreros; pues un arquitecto que reúne los materiales de construcción no olvida hacer previamente el plan del edificio en el que quiere emplearlos. Dios ha debido prever la impericia de nuestros legisladores, de los Solones, los Justinianos, los Montesquieu, los Target. Si estos hombres se creen capaces de hacer códigos sociales, con mucha más razón Dios sabe hacerlos; ellos no tienen como sostén de sus leyes más que la coacción, los esbirros y los patíbulos; Dios tendría como sostén de las suyas la atracción de la cual es el único distribuidor. Cien otros indicios hacían presentir la existencia del código divino, había entonces que someter a concurso la búsqueda, y determinar en principio el método a a seguir en esta investigación. El código divino, para ser metódico, debe estatuir, en primer lugar, sobre la industria que es función primordial; la administración no nace sino hasta después: por lo tanto había que buscar las leyes de Dios sobre la industria, el orden que Él ha asignado a los trabajos agrícolas y domésticos. Los pensadores políticos, por el contrario, se han ocupado durante tres mil años solo del gobierno, de los abusos administrativos y religiosos; han comenzado a considerar la industria hace apenas un siglo, sin soñar en corregir sus desórdenes. Sea inadvertencia, sea error sistemático, es indudable que han encomiado sus dos vicios radicales: *fraccionamiento industrial* y *fraude comercial* disimulado con el nombre de libre competencia.

Por consiguiente, la ciencia anda por un falso camino; en lugar de combatir los vicios de las dos ramas llamadas agricultura y comercio, se encarga solo de las dos ramas llamadas gobierno y sacerdocio, a las cuales no se puede tocar sin causar conmociones y, a menudo, abusos redoblados; mientras que corrigiendo, con el sistema societario, los vicios del régimen agrícola y comercial, se obraría de pleno acuerdo con la autoridad, que hallaría ventaja en la cuadruplicación del producto y en el cese de todas las querellas de partido, que serán observadas con lástima una vez que se haya pasado al bienestar societario.

Después de esta exposición de los vicios generales de la industria y la ciencia, resta hablar de los vicios en detalle y de los errores de sistema. Es un asunto que exigiría un volumen entero; haré solo un resumen. Nuestros economistas, confundidos al ver la tenacidad e incluso el progreso de la indigencia, comienzan a sospechar que su ciencia anda por un falso camino; últimamente se ha planteado un debate sobre este asunto entre los señores Say y Sismondi: el segundo, al volver de visitar los prodigios de ultramar, ha declarado que Inglaterra e Irlanda, con su industria colosal, no son más que enormes cúmulos de pobres; que el industrialismo no es, hasta el presente, más que la región de las quimeras; el Sr. J.-B. Say ha replicado por el honor de la ciencia; pero, hablando claro, la economía política fue sacudida por la crisis pletórica de 1826, y busca justificarse. Ya se ve a jefes de escuela, como Dulgald Stewart, decir que la ciencia está acotada a un rol pasivo, que su tarea se limita al análisis del mal existente. Es lo mismo que actuar como un médico que dijera al enfermo: "Mi tarea consiste en hacer el análisis de su fiebre, y no en indicar los medios curativos". Un médico así nos parecería ridículo; es sin embargo el rol que quieren tomar hoy algunos economistas que, al percibir que su ciencia no ha sabido más que empeorar el mal, e imposibilitados de encontrar el antídoto, nos dicen como el zorro al macho cabrío: "Trata de salir bien librado y haz tu mejor esfuerzo". Si se admite este rol pasivo, este egoísmo por el cual creen excusar la impericia de la ciencia, todavía será difícil hacer que hablen, que hagan el análisis del mal, porque no quieren reconocer cuán extendido está, no quieren confesar que todo es vicioso en el sistema industrial, que es, en todo sentido, solo un mundo al revés. Juzguemos por una confesión a medias que dejó escapar recientemente el Sr. De Sismondi: ha reconocido que el consumo opera en *modo inverso*, que se funda sobre las fantasías de los ociosos, y no sobre el bienestar del productor; es ya un primer paso hacia la sinceridad analítica. Pero, ¿el mecanismo inverso está limitado al consumo? ¿No es evidente que *la circulación es inversa*, operada por los intermediarios llamados *mercaderes, negociantes* que, volviéndose propietarios del producto, explotan al productor y al consumidor, y siembran los desórdenes en el sistema industrial con sus artimañas para acaparar, con sus agiotajes, sus falsedades, extorsiones, bancarrotas, etc.; *que la competencia es inversa*, al tender a la reducción de los salarios y al conducir al pueblo a la indigencia con el progreso de la industria: cuanto esta más crece, más se obliga al obrero a aceptar, a vil precio, un trabajo demasiado disputado; y, por otra parte, cuanto más crece el número de mercaderes, más son arrastrados hacia el engaño a causa de la dificultad de los beneficios?. He ahí ya tres resortes dirigidos en modo inverso, en el mecanismo industrial; podría contar fácilmente treinta: ¿por qué no admitir al menos uno, el del consumo inverso? La industria presenta una subversión todavía más notoria, la *contradicción de los dos intereses colectivo e individual*. Todo industrial está en guerra con la masa, enemistado con ella por interés personal. Un médico desea a sus conciudadanos generosas fiebres, y un procurador generosos procesos en cada familia. Un arquitecto necesita un buen incendio, que reduzca a cenizas una cuarta parte de la ciudad, y un vidriero desea una generosa granizada que rompa todos los vidrios. Un sastre, un zapatero solo desean que el público tenga paños de teñido defectuoso y calzados de mal cuero, a fin de que se gasten el triple; "por el bien del comercio", es su refrán. Un tribunal cree oportuno que Francia continúe cometiendo cada año veinte mil crímenes y delitos que culminan en procesos, siendo necesario este número para alimentar las cortes criminales. Es así que en la industria civilizada todo individuo está en guerra intencional con la masa; efecto necesario de la industria anti-societaria o mundo al revés. Veremos desaparecer este ridículo en el régimen societario, donde cada individuo solo puede encontrar su ventaja más en la de la masa entera. De todos los indicios que debían hacer sospechar de la industria actual, no hay otro más chocante que el de la escala simple en repartición. Entiendo por *simple* una escala que no crece más que de un solo lado y no del otro: he aquí un ejemplo adaptado a las cinco clases:

	Pobremente ajustada	Económica	Media	Acomodada	Rica
a	0	1	2	4	8
b	1	2	4	8	16
c	2	4	8	16	32
d	4	8	16	32	64
e	8	16	32	64	128

La línea A representa el origen de las sociedades donde la diferencia de las fortunas era poco notable, donde la clase pobre, figurada por *cero*, no existía. A medida que la fortuna pública se incremente, como se ve en las líneas B, C, D, E, sería necesario que la clase pobre participe en ella según la proporción indicada en cada una de estas líneas, es decir que, en un grado de riqueza E, teniendo el rico ciento veintiocho francos para gastar por día, el pobre tendría al menos ocho francos; en este caso la escala sería *compuesta*, creciendo proporcionalmente para las cinco clases, y sin igualdad. Pero en civilización, al no crecer la escala más que de un solo lado, la clase pobre se queda siempre en cero, de manera que si la riqueza se eleva al quinto nivel (E), la clase rica obtiene su monto de ciento veintiocho, y la pobre, cero solamente; pues tiene siempre menos de lo necesario; de manera que la escala civilizada sigue la línea transversal 0, 2, 8, 32, 128; y la multitud o clase pobre, lejos de participar en el crecimiento de la riqueza, obtiene solo un aumento de privaciones, puesto que ve una mayor variedad de bienes de los que no puede gozar; tampoco está segura de obtener el trabajo repugnante que es su suplicio, y que no le ofrece otra ventaja más que la de no morir de hambre. En este sentido, los pueblos holgazanes, como el español, son más dichosos que los laboriosos, pues el español está seguro de encontrar trabajo cuando le plazca aceptarlo. El francés, el inglés, el chino no gozan de esta ventaja. No deduzco de esto que el régimen social de España sea loable, nada más lejos de eso; quiero solamente llegar al objeto que indica el título de este artículo, demostrar que todo es círculo vicioso en la industria fraccionada o civilizada; esta crea, con su progreso, los elementos de la felicidad, pero no la felicidad, la cual no podrá nacer más que del régimen de atracción industrial y repartición proporcional, según la línea E. Esta repartición es imposible mientras la industria sea repugnante; es necesario que el pueblo permanezca en la extrema indigencia para que consienta a practicarla. Por otra parte, al producir la civilización apenas un cuarto de lo que producirá la asociación, y al poblar en exceso, sería imposible asegurar a sus hormigueantes populachos un monto mínimo, una comodidad aceptable. Este círculo vicioso de la industria ya ha sido reconocido tantas veces, que en todas partes se comienza a sospechar de ella y a sorprenderse del hecho de que *la pobreza nace, en civilización, de la abundancia misma.* Acabo de describir cinco vicios, cada uno de los cuales, aisladamente, alcanzaría para producir este desorden; ¿qué pasa entonces cuando los cinco vicios actúan todos a la vez, y en conjunto con una cincuentena de otros todavía no citados? Después de haber constatado la necesidad de un destino desdichado para el pueblo civilizado, remarquemos que el progreso de la industria agrega poco o nada a la felicidad de los ricos. Hoy la burguesía de París tiene muebles más bellos, baratijas más bellas de las que tenían los poderosos del siglo xvii; ¿qué agrega eso a la felicidad? Nuestras damas, con sus chales de cachemira, ¿son más dichosas de lo que eran las Sevigné, las Ninon? Se ve en el presente a los pequeños burgueses de París servidos en porcelana dorada; ¿son más dichosos que los ministros de Luis XIV, los Colbert, los Louvois, que tenían vajilla de loza? Hay sin duda gozo real en los perfeccionamientos, cómodos y saludables, como la sopanda de los carros; pero uno se aburre al cabo de una semana de los refinamientos de lujo visual como la porcelana; no sirven más que para irritar la codicia del pobre, que se imagina que la clase rica encuentra una gran dicha en la posesión de estos sonajeros. No serán útiles más que en el orden societario, donde tendrán la doble propiedad de estimular la atracción industrial, y multiplicar los acuerdos de pasiones que son un goce muy real, y que se extenderán tanto al pobre como al rico, a pesar de la extrema desigualdad de las fortunas. Entonces el más pobre de los hombres tendrá muchos más gozos de los que tiene hoy el más opulento monarca, porque el orden, llamado Series Pasionales, crea los conciertos sociales o placeres del alma, que hoy son prácticamente desconocidos por los grandes, y eleva los refinamientos sensuales a una perfección de la cual el mundo civilizado no puede formarse ninguna idea. La industria civilizada no puede entonces, lo repito, más que crear los elementos de la felicidad, pero no la felicidad. Por el contrario, se demostrará que el exceso de industria conduce a la civilización a muy grandes desgracias, si no se sabe descubrir los medios de progreso real en escala social. He dicho que nuestra política no avanza sino a la manera del cangrejo, vanagloriándose de los progresos rápidos. Es un tema digno de curiosidad el análisis de este retroceso al cual concurren los dos partidos enfrentados, *liberales* e *industrialistas, oscurantistas* y *absolutistas*. La diferencia entre ellos es que el partido oscurantista no niega que intenta resucitar el siglo X, mientras que el partido liberal se precia de conducir a la perfección. Es falso: tiende, por doble vía, a hacer retroceder el carro; se verá que la ciencia no ha sabido elevar el estado civilizado al único progreso del cual era susceptible, que era el *ascenso hacia la cuarta fase*. Cada uno de los períodos sociales, sea civilizado, bárbaro, patriarcal, salvaje u otro, se subdivide en cuatro fases análogas a las cuatro edades de la vida, que son: 1° la infancia, 2° la adolescencia, 3° la virilidad, 4° la caducidad. La cuarta fase, llamada caducidad, es a veces un progreso útil; esto se puede ver en Egipto, que, al adoptar la táctica militar, el arte náutico y las ciencias puras, pasa a una barbarie caduca o barbarie de cuarta fase, conduciendo poco a poco a la primera fase de civilización. Es por lo tanto un progreso real, de igual forma que una noche avanzada es un encaminamiento hacia el día. Si la civilización supiera pasar de su tercera fase, que es el estado actual, a su cuarta fase que no ha nacido todavía, sería un cambio muy favorable, porque nos acercaríamos al período siguiente, el de las garantías sociales, que es el escalón superior y contiguo a la civilización. Las garantías son el bien con el que sueñan todos los filósofos, sin saber alcanzarlo en ningún sentido: para elevarse hasta las garantías, hay que salir de la civilización, y subir al escalón siguiente; nuestras ciencias, lejos de haber sabido elevarnos así de período en período, no han podido siquiera hacernos avanzar en la carrera civilizada, elevarnos al menos de la tercera a la cuarta fase.

Remarquemos a este respecto que luego de tantos estudios sobre la civilización, todavía no se ha soñado con hacer su análisis regular, la descomposición en cuatro fases, asignando a cada una las características especiales que constituyen la fase, como la anarquía mercantil en la tercera; y clasificando las características generales que reinan en el curso de las cuatro fases, como la unión de los grandes ladrones para destruir a los pequeños; luego las características de conjunto que son recibidas de otros períodos: tal es el código militar, que es un prestamo del período inferior, llamado barbarie; mientras que el régimen de monedas, la única relación en la que reina la garantía de verdad, es un prestamo del período superior, el de las garantías solidarias, que aún no ha nacido. Considerando que nuestras ciencias han olvidado el análisis de la civilización, primer estudio que indicaba el orden metódico, ¿puede uno sorprenderse de que hayan descuidado muchos otros estudios, formando ciencias nuevas y vastas como las siguientes, que ubico en relación a las clases de sabios a los cuales son atribuidas: Moralistas, el análisis de la civilización; Políticos, la teoría de las garantías solidarias; Economistas, la teoría de las aproximaciones societarias; Metafísicos, la teoría de la atracción pasional y Naturalistas, la teoría de la analogía universal. Cuando cada clase de sabios descuida así su tarea primordial, no es sorprendente que olvide detalles menores, como el análisis del círculo vicioso de la industria que, en su sistema, peca evidentemente contra las cuatro bases de la sabiduría política, a saber:

Atracción industrial aplicable a las tres clases reacias, los niños, los salvajes, los ricos ociosos.

Repartición proporcional, que satisface a cada uno en razón de sus tres facultades: capital, trabajo y talento.

Equilibrio de población, mantenida por debajo del número que causaría la molestia de las clases inferiores.

Economía de resortes o máxima reducción de las personas improductivas, comerciantes y otros, cuyo número es hoy tan enorme, que comprende los dos tercios de los civilizados.

Los industrialistas esquivan estos problemas, y cien otros que se podrían proponer a aquellos que se precian de perfeccionar el sistema social a través del progreso de la cultura fraccionada y de la anarquía mercantil o competencia de delincuentes. Los escritores no saben más que alabar los vicios dominantes para dispensarse de buscar su remedio: sobre las cuestiones fundamentales, como el equilibrio de población, vemos a la ciencia *hacer caso omiso*, diciendo que no se puede comprender nada sobre ese tema. Es así como Stewart desenreda este enigma de la exuberancia de populacho, enigma retomado después que él por Wallace y Malthus, quienes tampoco han llegado más lejos. Las cuestiones de política social serán totalmente irresolubles mientras se quiera especular sobre el régimen civilizado que es un laberinto intelectual, un círculo vicioso en todo sentido; pero ¿por qué no aplicarse a inventar una nueva sociedad? Había allí una bella carrera para tantos escritores que se rompen la cabeza buscando un tema nuevo. Y cuando por azar echan mano sobre alguna idea nueva, como la de la asociación *industrial*, se apresuran a oscurecerla y embrollarla, agregándole sus viejos sofismas, hasta los más ridículos, como la comunidad *de los bienes, la dulce fraternidad de los verdaderos filántropos, la unidad de las opiniones*. Lejos de estas tonterías morales que pone en juego la secta Owen hay, en régimen societario, tantos desacuerdos como acuerdos: se debe incluso comenzar por los desacuerdos y, para formar una falange de series pasionales (un cantón societario de mil ochocientas personas) se debe hacer estallar al menos cincuenta mil desacuerdos, antes de organizar los acuerdos. Con eso se puede juzgar cuán lejos estaba nuestro siglo de los caminos de asociación, aportando a este estudio todos los falsos juicios de la moral sobre las pasiones y las vías de armonía social. Siendo el industrialismo, lo he dicho, la más reciente de nuestras ilusiones científicas y la más aceptada, he debido refutarla antes de entrar en materia, desengañar a los partisanos, mostrarles el círculo vicioso de sus esfuerzos mal dirigidos, de esta industria que opera sin objetivo ni método. Pero ¿por qué tanta impericia entre hombres tan sabios, entre escritores tan hábiles?; ¿por qué su bello talento no ha logrado más que arrojarnos de

Caribdis a Escila? *Es que marchan sin brújula en un laberinto.* Recordemos sobre este asunto su principio sobre la analogía (Schelling, citado previamente). Si existe unidad y analogía en el sistema de la naturaleza, debemos tener en política dos brújulas, como en lo material. Los navegantes tienen, para guiarse, la aguja imantada y los astros; es necesario que la política social tenga igualmente sus dos guías, su brújula y su contrabrújula. No habría unidad de sistema ni analogía, si Dios no hubiera provisto al mundo social, como al mundo material, de dos guías para dirigir su marcha. Antes de designar estas dos brújulas sociales, hay que hacer entrever su ausencia y los esfuerzos del espíritu humano para descubrirlas, sea en la industria, sea en la administración. En industria, elijo como indicio las vocaciones naturales y el arte de hacerlas aparecer. Es un arte profundamente desconocido; lo juzgaremos por un hecho reciente. Un joven carretero de veintitrés años llevaba metales a la usina de los señores Manby y Vilson, en Charenton. El aspecto de este taller, que se dice que es espantoso, lo fascinó y desarrolló su vocación, su *atracción industrial* desconocida hasta entonces por sus padres y por él mismo; se incorporó a este género de trabajo, e hizo un progreso tan rápido, que al cabo de un año pudo reemplazar a un obrero muy valioso al que se pagaba veintidós francos por día. En este pequeño acontecimiento, ¡cuántos agravios contra nuestros métodos industriales, nuestras teorías de educación, de perfeccionamiento y estudio del hombre! ¿Por qué no saben dichas teorías discernir y hacer aparecer desde la más baja edad las vocaciones industriales de cada niño, aplicándolas a los diversos empleos a los que la naturaleza lo llama? He ahí lo que es imposible a la civilización, que quiere hacer de

Metastase un portero, de J.-J. Rousseau y de Franklin dos oscuros obreros. Solo por golpes del azar infinitamente raros se ve que algunas personas habilidosas se salvan de esta absorción, ubicadas a menudo muy tarde en el puesto que su instinto les asignaba: este carretero no encontró el suyo sino hasta los veintitrés años, y fue por efecto del azar. Es entonces evidente que nos falta una brújula, una clave para descifrar este grimorio de las atracciones y vocaciones industriales o científicas: no se puede hacerlas surgir más que con el empleo de las Series Pasionales, que son la brújula principal en toda rama de mecánica social y sobre todo en educación. El problema que resolveremos sobre este asunto es hacer surgir no *una* sino *veinte* vocaciones en todos los niños de *tres años de edad*; a partir de la edad de cuatro años ya deberá desempeñarse hábilmente en una veintena de Series industriales, y ganar más que sus gastos de alimentación y sustento; también deberá ejercitar alternativamente todas sus facultades materiales e intelectuales, darles a todas un desarrollo completo. En lugar de veinte vocaciones surgidas y desarrolladas plenamente a la edad de cuatro años, a menudo no se encuentra, en el sujeto civilizado, ninguna vocación manifiesta a los veinte años. Si es plebeyo, los padres lo emplean a la fuerza en un trabajo *fuera de su instinto*, donde vegetará, pues todo individuo se vuelve un sujeto miserable cuando no se ubica en el rol que la naturaleza le asigna. Si es de la clase acomodada, a los treinta años tal vez no tenga una profesión; sobre cien personas jóvenes que se envía a las universidades, a las escuelas de derecho y de medicina, apenas veinte triunfan. El surgimiento de las vocaciones, el arte de desarrollarlas desde la más baja edad, es el escollo de nuestras ciencias; denota que no tenemos ninguna brújula para dirigir los instintos, incluso en el ejercicio de la agricultura, que es presentada a los niños pueblerinos de manera que no excita más que su repugnancia. Nuestras ciencias, en educación industrial como en todo, están visiblemente fuera de los caminos de la naturaleza o atracción; y está claro que hay que recurrir a una ciencia nueva para obtener una brújula de dirección industrial: es la *Serie pasional.*.

Hay una segunda brújula social a determinar, pues la naturaleza no da una sola, sino dos en todos los géneros: nos debe entonces la contrabrújula en mecánica social. Voy a señalar en primer lugar la ausencia de la misma en la administración. El instinto nos ha hecho descubrir el germen de las garantías naturales (garantía de verdad y de economía), pero solo se ha sabido aplicarlas en el sistema de monedas, única relación en donde reinan la verdad y la economía. Pues, ¿qué es el sistema de monedas? Es una administración fiscal de dos contrapesos formados por el cambio y la orfebrería: su competencia mantiene al gobierno en las vías de la economía y la verdad; es por lo tanto el sistema que se debería haber aplicado a todo el conjunto del mecanismo comercial y administrativo, para introducir allí las garantías de economía y verdad. El régimen de las monedas es un monopolio, pero un monopolio *compuesto*, de doble contrapeso; en eso difiere plenamente del monopolio *simple* como el del tabaco, que es arbitrario y sin contrapeso. Tenemos entonces en la mano una de las dos brújulas sociales, el monopolio compuesto que el instinto ha hecho descubrir a todos los gobiernos; no han sabido aplicarlo al comercio y apoderarse de él por el bien de los pueblos que tienen necesidad de una garantía de verdad y de economía en el mecanismo de circulación. Engañada por los sofismas de la libertad, la administración se ha dejado robar la más bella porción de su dominio: abandona el comercio a los particulares, a la competencia fraudulenta, a la anarquía mentirosa y perturbadora. ¿Cuál de los dos métodos es preferible: la garantía que reina en el monopolio de las monedas, o la libertad anárquica del comercio que aumenta cada día el número de sus agentes, la absorción de capitales, las trabas del fraude y la complicación del mecanismo? Para juzgarlo, habría que colocar durante algún tiempo la moneda en régimen comercial, en libre competencia. Habría rápidamente en cada imperio veinte mil fabricantes de monedas que, afirmando su lealtad según el uso comercial, distribuirían a su gusto monedas de falso título: todas las transacciones estarían trabadas, la industria caería en el caos. Por lo tanto es evidente que la garantía industrial reside en el Monopolio Compuesto o *administración fiscal de doble contrapeso*, y que el régimen de competencia mentirosa es la ausencia de toda garantía. Es pues el monopolio compuesto la segunda brújula social; su aplicación al comercio nos habría abierto una salida de la civilización y nos habría elevado al período de las garantías solidarias, que es el escalón intermedio entre el estado civilizado y el estado societario. Así nuestros filósofos, en sus sueños de garantía social, van a buscar muy lejos el tesoro que tienen en la mano, y del cual ven el germen en la más notable de nuestras relaciones, la de las monedas, ejercida por monopolio de doble contrapeso. Tienen sobre los contrapesos sociales ideas confusas; razonan sin pausa sobre balance, contrapesos, garantías, equilibrio; pero herederos de los caprichos de la filosofía antigua, quieren introducir en la administración estos contrapesos que hay que ubicar en la industria. Esta dirección falsa no puede llevar más que a desórdenes: los gobiernos que se quiere encadenar con constituciones, resistirían siempre con pleno éxito. La reforma debe hacerse en la industria. Una vez que esté organizada con el mecanismo de garantía o asociación, todo gobierno se beneficiará reprimiendo los abusos que protege en civilización. Es entonces sobre la industria únicamente que los reformadores habrían debido llevar sus indagaciones; y para guiarse en esta carrera, se debería haber hecho uso de una de las dos brújulas: o del *Monopolio de doble contrapeso*, que existe ya en germen y que, por su extensión, habría conducido al período de las garantías sociales; o de las *Series pasionales*, cuya invención, más difícil, habría conducido a la asociación, destino ulterior de la humanidad. (Las garantías no son más que una transición, un estado mixto entre el destino desdichado llamado civilización y el destino feliz o estado societario). La invención del monopolio compuesto estaba mejor adaptada al espíritu de nuestro siglo, que se rompe las sienes para luchar contra un monopolio simple ejercido por Inglaterra sobre el comercio marítimo. Esta tiranía industrial habría caído como todas las otras ante el monopolio compuesto, e incluso Inglaterra habría encontrado beneficio en ello. Esta invención habría iluminado a la ciencia llamada economía o economismo, que prefiere escaparse y pretende que su tarea se limita al análisis del orden existente: ¡lástima que no haya cumplido al menos con esta tarea, haciendo el análisis del comercio que nos habría aliviado de extrañas torpezas! Se habría concluido por reformar esta cloaca de vicios, este mecanismo inepto que, por la coincidencia de sesenta características dañinas, como los cinco ya citadas, consumo inverso, circulación inversa, competencia inversa, etc., hace de la industria una trampa para los pueblos, y aumenta a la vez su miseria y su depravación. Se pretende que los hombres no son más falsos de lo que eran antiguamente; sin embargo, hace medio siglo era posible procurarse con poco esfuerzo tejidos de buena tintura y comestibles naturales; hoy la alteración, el fraude dominan por todas partes. El cultivador se ha vuelto tan fraudulento como lo era antiguamente el mercader. Lácteos, aceites, vinos, aguardientes, azúcar, café, harinas, todo es falsificado impunemente. La multitud pobre no puede ya procurarse comestibles naturales; no se le vende más que venenos lentos, tanto ha progresado el espíritu de comercio hasta en las aldeas más pequeñas.

Puesto que el partido oscurantista se basa en este resultado para motivar sus opiniones retrógradas, puede considerarse bien fundado, sobre todo desde la crisis pletórica de 1826. Sin embargo, el oscurantismo es un recurso despreciable y peligroso en las coyunturas presentes; había un rol brillante del cual los adversarios del liberalismo no han sabido apropiarse; habrían debido hacer eso que los liberales no saben hacer, *avanzar en escala social*, operar un progreso real a través de la reforma del sistema comercial, operación muy fácil que, en Francia, daría una renta de doscientos millones al fisco, y de mil millones a la nación; y también una ventaja todavía más preciosa, la garantía de verdad y economía en el mecanismo de circulación que la anarquía complica en un grado escandaloso: desde hace medio siglo, el comercio ha elevado al cuádruplo el número de sus agentes, para un trabajo que no ha cambiado más que poco o nada; el fraude ha crecido en igual relación que la absorción de capitales. Si los oscurantistas hubieran sabido inventar esta operación, aplicar al comercio el sistema monetario, el *monopolio compuesto* o administración fiscal de doble contrapeso, habrían quitado a los liberales el favor de la opinión, y habrían podido decirles: "Somos nosotros los que conducimos el estado social a su perfeccionamiento: ustedes no saben más que hacerlo retroceder prosternándose a los pies del becerro de oro, prostituyendo su facundia para alabar un régimen de anarquía y fraude mercantil, en lugar de esforzarse para buscar el modo comercial verdadero". Terminemos remarcando que los sofistas que pretender fundar la asociación o que escriben sobre este tema, no tienen ningún conocimiento de las dos brújulas, ni siquiera de la segunda llamada monopolio de doble contrapeso, que permanece entre nosotros como un diamante desapercibido y aplastado por nuestros pies.

Por otra parte, estos practicantes y teóricos caen todos en el vicio de irreligión escolástica, el error de alcanzar con la razón humana llamada legislación, conocimientos que hay que demandar a la razón divina, a través del estudio de la atracción o ley *natural*. En lugar de dedicarse a este estudio, se ve a las reuniones que se llaman a sí mismas societarias empeñarse en las controversias política y religiosa. Algunos llegan casi a hacer escisión con Dios; tales son los Owenistas, que suprimen el culto público. Alcanzaría esta lamentable innovación para asegurar, incluso antes de conocer sus dogmas y métodos, que no tienen ningún conocimiento en asociación. Si hubieran entrevisto en algún punto este mecanismo, sabrían que en el estado societario, el amor a Dios se vuelve pasión ardiente en todos los humanos: gozando a cada instante de nuevos placeres, y navegando por un océano de delicias, experimentarán la necesidad de rendir homenajes a toda hora al creador de un orden tan bello. Lejos de disminuir el ejercicio del culto divino, harán de él un atractivo habitual. Las asambleas religiosas en los templos no llenarán su gratitud; querrán incluso, en los grupos de trabajo y de placer, ver en medio de ellos algún emblema del benefactor del mundo, asociarlo de alguna manera a su felicidad, y entonar en cada reunión un himno en su alabanza. Los ateos mismos, viendo la obra maestra de la sabiduría divina, la armonía de las pasiones y de los caracteres antipáticos, la industria que se vuelve atractiva para los sibaritas mismos; los niños, desde la más tierna edad, entrenados constantemente en el bien; la excelencia de los impulsos dados por la atracción; los ateos, digo, viendo estas maravillas harán gala de aliarse nuevamente con el espíritu religioso; serán los más ardientes al proclamar la gloria de Dios y el oprobio de las leyes civilizadas, que parecerán lo que son realmente: una obra del espíritu infernal. Estas leyes, que solo han sabido envilecer la virtud y asegurar al vicio todos los éxitos, han hecho nacer las dudas sobre la Providencia, de la cual no se veía ninguna señal en las perfidias del régimen civilizado, en los vergonzosos resultados de una industria que es el suplicio de los seres condenados a ejercerla y que rebaja al hombre educado muy por debajo del salvaje y del animal. Lamento que la necesidad de abreviar me obligue a suprimir mucho de estas nociones preliminares: habría convenido sobre todo dar a los sabios y los artistas una exposición de las inmensas riquezas y del renombre del que gozarán en el nuevo orden. Son propensos a esconderse de los descubrimientos, temen que una ciencia nueva dañe su comercio de sistemas. Obligados a arrastrarse para obtener un miserable emolumento, tratan de visión la idea de un orden donde

los sabios y los artistas figurarán en los rangos superiores
y ganarán cómodamente los tesoros que el estado civilizado solo da a los especuladores y a los intrigantes. ¡Qué
tontería la de apasionarse por un orden de cosas donde
ocupan el último rango, pues no hay nada más avasa-
llado, amordazado, humillado que los sabios y artistas!
Ellos alaban la augusta verdad como la mejor amiga de
los humanos, pero prácticamente no es amiga de los filósofos; pues, si osan hacerla escuchar, son despojados o
perseguidos, como los Villemain, Lacretelle, Michaud, los
Legendre, Tissot, Lefevre-Gineau, etc. Me comprometo a
demostrarles que, en el estado societario donde gozarán
de una plena libertad, les será más fácil ganar *millones* de
francos que hoy obtener mil, y que el más ignoto maestro
de aldea se transformará en un hombre precioso, y con
mucha más razón los hombres capaces de dirigir en alguna rama la escuela normal de una provincia. Es necesario
que, en el estado societario, el pueblo sea iluminado, ins-
truido en las ciencias y las artes; es un medio de fortuna
general: a partir de allí, los oscurantistas actuales estarán
afanosos de expandir la instrucción.

Los cuadros de esta próxima fortuna de los sabios
serían demasiado deslumbrantes para hombres acostum-
brados al malestar; siempre suponen que se exagera, y
creen que anoto, como los financistas, ceros de más; no
hay nada de eso, todo será bien demostrado aritmética-
mente: lejos de inflar las cuentas, tengo la costumbre de
reducir la suma a la mitad, y se verá que una sola de las
nuevas ciencias, *la analogía*, debe rendir a los autores un
beneficio de *cinco a seis millones de francos por folletín
de dieciséis páginas*: contendrá al menos tres mil volúmenes de la dimensión de este, y aparecerán uno a uno para

satisfacer la impaciencia general: esta es solo una de las ramas de beneficios enormes que el estado societario asegura a los sabios y artistas. ¡De buen grado se quedarán con su mezquino presupuesto de cuatrocientos mil francos en París! Sería imitar a un miserable que, llamado a cobrar una brillante herencia, pudiendo vivir en un hotel y renunciar a su cabaña, pensaría que va a morir de hambre, cuando no tenga más sus trastos de barro y sus cucharas de madera. Se puede excusar a los médicos por alarmarse del magnetismo, ya que reduciría en muchos casos su dominio sin ofrecer una compensación; no es así en el cálculo de la Atracción, que es una fuente de riqueza para todos los sabios y los artistas. Pasando a esta teoría, no puedo llamar mejor la atención del lector que recordándole el objetivo al que la misma debe conducirnos: dará riquezas y, además, la felicidad que no se obtendría únicamente con la riqueza y que consiste en el pleno desarrollo de las pasiones. Es un bien del cual los más opulentos están aún muy alejados; nos convenceremos de que los más dichosos entre ellos, por ejemplo un monarca poderoso, joven, bello y robusto, no puede llegar al grado de dicha del que gozará, en el estado societario, el más pobre de los hombres de igual edad e igual salud. Allí se terminarán todas las controversias filosóficas sobre la verdadera felicidad: se reconocerá que no está hecha para la civilización, y que los sibaritas más presuntuosos están todavía infinitamente lejos de la felicidad.

El nuevo mundo industrial o método societario natural

DEBO PREVENIR DESDE EL comienzo, y deberé recordarlo frecuentemente, que, para estar en condiciones de dirigir una aproximación societaria o falange *a escala reducida*, se debe conocer el mecanismo de la falange a plena escala de mil ochocientas personas. La operación en escala reducida no empleará más que la cuarta parte de los capitales que exigiría la otra; pero no se podrían juzgar las reducciones que cada rama puede sufrir en pequeña escala, si no se conociera el pleno mecanismo, la armonía en gran escala. Es la que se describirá en las cinco secciones de principios y aplicación, 1, 2, 3, 4, 5; estas servirán de base para el cálculo de la escala reducida ubicada luego de la 5° sección. Habrá que recordar entonces, cuando creamos que las perspectivas son demasiado deslumbrantes, que no se operará plenamente, pero que debemos conocer este mecanismo de plena armonía de las pasiones para determinar las reducciones de las que es susceptible en sus grados más bajos. Distingo los preparativos materiales en tres ramas: 1°, la formación de la compañía accionaria; 2°, las construcciones, aprovisionamientos, plantaciones; 3°, las incorporaciones e instalaciones sucesivas.

1°: Formación de la compañía. Limitémonos a suponer que esta compañía está totalmente formada, y provista del capital necesario para fundar en gran escala, puesto que, para saber fundar en escala reducida, hay que estudiar la teoría en una escala mayor.

2°: Las distribuciones materiales del cantón de ensayo, así como también las disposiciones relativas al mecanismo de atracción, cuestión en la cual una compañía de accionarios caería a cada paso en graves errores, si se guiara por el prejuicio dominante.

3° Las *incorporaciones, admisiones e instalaciones consecutivas*. Se seguirá en este aspecto un método opuesto al de los establecimientos civilizados, donde se instala bruscamente y de un solo golpe a todos los cooperadores. La instalación de la falange de ensayo (a la cual supongo completa) deberá realizarse en cinco momentos, a saber:

Los asalariados, cohorte subsidiaria / 100

Germen[1], el núcleo y la regencia / 300

Cuarta parte del ejercicio[2], la clase preparatoria / 400

Medio ejercicio[3], la clase mixta / 600

Tres cuartos del ejercicio[4], la clase acomodada / 400

Ejercicio pleno[5], la clase rica / 200

Y para la fundación aproximativa solamente 900.

Hay que forzar un poco el número en la falange de ensayo, elevarlo a 1900 y 2000, incluida la cohorte asalariada, porque tendrá más dificultades para empezar que aquellas que se fundarán posteriormente y que se reducirán al comienzo a 1800 y enseguida a 1700, siendo el número fijo 1620, al cual habrá que exceder un poco, sobre todo durante las primeras generaciones, porque les faltará vigor. El método exigiría que yo tratase en primer lugar la cuestión de los edificios y los terrenos; pero sería un detalle un poco árido que prefiero posponer. Comencemos por la regla a seguir en la instalación progresiva de los enjambres. Si el edificio y las plantaciones se encontraran totalmente listas, se instalaría toda la falange en el espacio de nueve meses, a saber: primer enjambre en agosto, segundo en septiembre, tercero en octubre, cuarto en marzo, quinto en mayo. No se podría operar tan rápidamente en gran escala, porque habría que construir y plantar, y luego instalar en las secciones del edificio a medida que estuvieran listas. Estimo por lo tanto que la instalación comprendería un término de veintiuno a veinticuatro meses; el proceso en escala reducida se limitará a tres enjambres que se instalarán, el primero en agosto, el segundo en octubre, el tercero en marzo; y, antes que nada, los cien asalariados, encargados de los trabajos que requieren esfuerzo, de los cuales dos tercios serán hombres, y un tercio mujeres, que se emplearán para desbastar y realizar otras funciones que lentificarían la Atracción industrial. Esta centena de asalariados será el soporte de la falange de ensayo, que estará muy estorbada por las lagunas de atracción y se verá obligada a sostenerse en un apoyo, ya sea a gran o a pequeña escala. Si la compañía de accionarios quisiera incorporar de un golpe las 1900 personas o las 800 en escala reducida, se atascaría; en principio, sería tomada como rehén por la clase obrera que, al no saber en qué se la va a emplear, sería muy exigente sobre las condiciones; por otra parte, las clases acomodadas y ricas no tendrían confianza y rechazarían toda incorporación. La cuestión es lograr que unos y otros soliciten la admisión como un insigne favor; y para lograr eso alcanzará con operar juiciosamente sobre el primer enjambre. Se negociará con la clase industrial estipulando la opción de una suma fija, que el participante podrá exigir en caso de desinteligencia de las partes societarias del beneficio (suprimo de mala gana detalles importantes sobre estas cuestiones); la regencia no dudará sobre el acuerdo en la repartición; pero como los participantes sí dudarán, habrá que satisfacerlos con esta opción de un fijo. Si el terreno contiene algún gran edificio, castillo o monasterio que haya sido alquilado, se instalará allí al principio el núcleo o primer enjambre de aproximadamente trescientos, más la regencia. Este núcleo estará compuesto en gran parte de jardineros que prepararán los huertos, harán los transplantes y todas las obras de las cuales hay que ocuparse por adelantado: introducción de animales, conserva de frutas y legumbres, plantación de vegetales que, como el espárrago y la alcachofa, no fructifican en el primer año.

El primer trabajo será formar a estos principiantes en el desarrollo de la atracción, hacer surgir sus pasiones, sus gustos, sus instintos; padres e hijos estarán muy sorprendidos de este mecanismo puesto que, en lugar de maltratarlos y moralizarlos, se ocupará solo de favorecer sus gustos, volver atractivos sus trabajos con sesiones cortas y variadas, clasificarlos en grupos y subgrupos que se ejercitarán para lograr apasionarse cabalísticamente por determinados manjares, determinadas preparaciones, graduando y escalonando los gustos de los tres sexos, que son muy distintos. Una compañía de accionarios no dejaría de reprobar este procedimiento, pretendiendo que hay que disciplinar esta reunión según las sanas doctrinas del comercio y de la moral. Examinemos mejor el objetivo. No será cuestión de formar civilizados, sino Armonianos, a los que se llevará hacia la atracción industrial por la pronta formación de las Series pasionales. Cuanto antes estén formadas, antes nacerá esta atracción; ahora bien, la vía más corta es la gula refinada y escalonada; esta formará primero las series en consumo, enseguida la escala seriaria se extenderá a las preparaciones culinarias: este mecanismo, una vez organizado en las mesas y en las cocinas, se establecerá enseguida en los cultivos y en los talleres de conservas. Esta fácil sabiduría de gastronomía escalonada es el resorte que Dios nos ha dado para operar rápidamente y con seguridad en mecánica de atracción, y así triunfar desde el primer mes de ensayo. Una sabiduría tal fascinará a todos los iniciadores; no será muy lucrativa sobre el primer enjambre de trescientas personas, pues los beneficios del régimen seriario no se establecen sino una vez pasadas las seiscientas personas; pero será una siembra necesaria para preparar las vías del régimen de la Atracción industrial que se establecerá con la entrada del segundo enjambre, y de donde nacerá el cuádruplo producto. Destaquemos sobre este asunto que, en la gastronomía, el cultivo de las flores, el uso de la ópera y otras funciones reputadas frívolas o viciosas, estaré obligado a contradecir sin cesar las doctrinas civilizadas; no discuto que estas funciones sean nocivas en el estado actual, pero yo las considero aplicadas en el régimen de Series pasionales, donde se transforman en vías del bien.

Una vez que la población de las aldeas y las ciudades vecinas conozca el género de vida que llevan los trescientos iniciadores, sus trabajos a elección y en sesiones cortas que varían al menos cuatro veces por día, el servicio de sus mesas con opciones según cualidades graduadas, la solicitud de los jefes por variar los placeres de los hombres, mujeres y niños, todo esto, en suma, será un tema de conversación muy desarrollado en toda la clase industrial de los sitios vecinos. No podrán entretenerse más que hablando del bienestar de los iniciadores; toda familia de obreros, de artesanos, de pequeños cultivadores, ambicionará su puesto y el que haya dudado sobre la incorporación, vendrá a solicitarla como un alto favor. Supongo que en esta época un ala del falansterio estará ya construida y será habitable: se incorporará entonces el segundo enjambre de cuatrocientas personas, del cual una parte será de obreros instructores, carpinteros, carreteros, zapateros, cerrajeros; otra parte constará de pequeños cultivadores, luego de maestros de escuela primaria, pues el régimen de las Series pasionales excita muy pronto al pueblo y a los niños a demandar la instrucción que en civilización no aceptan más que forzadamente. En la incorporación de este segundo enjambre, la regencia tendrá opción sobre los buenos obreros que, seducidos por el tren de vida de los societarios, se presentarán en número diez veces mayor del necesario, y se podrá elegir a los mejores. El núcleo, al hallarse elevado a setecientos por este reclutamiento, pasará de la maniobra de desbastamiento a la de sub-aproximación o un cuarto de ejercicio. Entonces comenzará el ensayo del mecanismo de las series que no puede ser esbozado con menos de seiscientas personas. La regencia dará a todos los incorporados sus ropas de trabajo y de gala; los grupos comenzarán a ir al trabajo con banderas, himnos, fanfarrias. Se establecerán también tres grados para las mesas que se limitarán a dos clases en el primer enjambre, más el de la regencia. No será sino hasta después de este esbozo del mecanismo de las series que se podrán entrever las propiedades de la atracción, su justeza geométrica, la anulación de los excesos debida a la alternancia de los placeres, la perfección del trabajo y el ardor industrial que crecen en razón de los refinamientos gastronómicos, el amor por las riquezas que deviene vía de virtud, el entrenamiento de los niños en el trabajo productivo, el empleo de los desacuerdos para la armonía general, y el acuerdo indirecto de las antipatías. Todos estos prodigios, cuyo germen se verá sobre una masa de setecientas personas, no podrían manifestarse en el núcleo de trescientas; pero el de setecientas e incluso seiscientas, dará resultados que no dejarán ninguna duda sobre la caída próxima de la civilización. Entonces todas las miradas se fijarán sobre este embrión de la armonía; sus acciones serán buscadas por el doble del precio que tenían: muchas personas de la clase rica pedirán ser parte del tercer enjambre, que la regencia se encargará de reunir o, más bien, de aceptar. La admisión será mucho más solicitada cuando se vea surgir una de las más bellas propiedades del régimen seriario: la riqueza relativa se multiplicará veinte veces, puesto que se desarrollará la facultad de cuadruplicar el producto efectivo, 4000 por 1000, y se podrá llevar en la falange, con una suma de 4000 francos, el tren de vida que costaría 20.000 en civilización. No se admitirá a alguien fácilmente en el tercer enjambre, que deberá componerse de maestros, de hábiles artesanos, de cultivadores experimentados, de agrónomos, de artistas encargados de dar una elevada educación a los plebeyos de la falange, especialmente a los niños. En cuanto a la elección que debe hacerse sobre los pretendientes ricos o pobres, deberán atenerse a diversas cualidades reputadas como viciosas o inútiles en civilización, como son: la precisión de oído musical, la fineza de las familias, la aptitud para las bellas artes, y deberán seguir diversas reglas opuestas a las ideas filosóficas: preferir a las familias que tienen pocos niños, introducir un tercio de celibatarios, buscar los caracteres considerados bizarros, establecer la escala graduada en edades, fortunas, ilustración.

La industria societaria saca gran ventaja de ciertas facultades, como la precisión de oído, que los sofistas desprecian según su principio *"quien bien canta y danza, poco avanza"*, principio muy falso en mecánica societaria, y sobre todo en la falange de ensayo, que *avanzará mucho* si tiene una población muy refinada, que cante y baile bien. En principio, tendrá (hablo de la gran escala) una suma enorme a percibir por los curiosos que paguen: esta única rama de beneficio triplicará el capital de los accionarios. Se perdería en gran parte esta recolección si la falange no presentara a los curiosos más que un pueblo grosero, inhábil para las evoluciones materiales de la armonía y para la maniobra de pasiones que exige mucho refinamiento.

Será necesaria una combinación de obreros instructores, al menos tres en cada oficio, con el fin de establecer la competencia de métodos; si cada uno de estos obreros, provenientes de la ciudad, llevase una familia considerable, la mitad de los padres y los niños no estaría habituada a la agricultura, lo que falsearía el mecanismo societario, donde la agricultura debe ocupar el más alto rango. En los créditos y cuentas corrientes relacionados con los anticipos de manutención, vestimentas, alojamiento y otros, la falange no reconoce nunca familias, sino solamente individuos que tienen su propia cuenta. Un hombre no puede tratar en forma común por su mujer y sus hijos; se estipula para cada uno individualmente, salvo los niños por debajo de los tres años, que son mantenidos a costa de la falange cuando son de la clase pobre. Según esto, todo obrero sobrecargado de pequeños niños buscará la admisión; pero la regencia no aceptará niños más que en la proporción conveniente.

Convendrá que la falange, a partir de la entrada del tercer enjambre, tenga al menos dos tercios de sus vegetales en especies fecundas; se deberá entonces hacer el gasto de transplantar los árboles frutales, con encajonamiento de la masa de tierra que contiene a las raíces. Si el árbol es grande y no se puede emplear este método, se seguirá aquel recientemente publicado en Escocia por Sir Stuart, y que al operar por descalce de las raíces permite transplantar con éxito los árboles de gran tamaño. Mediante estas disposiciones no se correrá el riesgo de falsear el mecanismo, durante dos o tres años, con trabajos ingratos y mal orquestados, como lo serían los huertos jóvenes que, al no dar frutos, no apasionarían a los grupos. La falange de ensayo deberá, incluso en escala reducida, proveer al bienestar de la centena de asalariados que se adjuntará, elevarlos al semi-bienestar societario por las variantes de funciones y otros medios, garantizarles la admisión en las primeras falanges que se funden, o en la suya propia si la misma es solo reducida, extensible de 900 a 1800. Es necesario que todos sean dichosos en esta reunión, incluidos los animales; su bienestar es una rama esencial de la armonía societaria, y una de las fuentes de su riqueza. Se empobrecería y falsearía el mecanismo si cayera en el egoísmo de Platón que, en lugar de buscar un remedio a las miserias de la humanidad, agradecía a los dioses por haber escapado a una desgracia común, por haber nacido hombre y no mujer, griego y no bárbaro, libre y no esclavo. Volveré a este egoísmo de Platón y sus compinches: ¿hay que sorprenderse de que, con un carácter tal, los filósofos hayan olvidado el cálculo de la atracción que tiende a la dicha de todos? Es fácil prever que todo obrero, todo campesino, querrá, al entrar en la falange, abonar a su mujer y sus hijos en las mesas de grado inferior, ubicarlos en tercer grado, si él está abonado en el segundo. Querrá también asignarse todo el monto del fijo, es decir la suma de opción acordada en el momento de las incorporaciones; ceder de la misma solo una parte para su mujer y sus hijos. Así son los suaves padres civilizados; los suaves campesinos quieren todo para ellos bajo pretexto de mantener la moral dulce y pura: estas tiranías maritales y paternales son inadmisibles en régimen societario. Por otra parte al cabo de un mes, todo societario desdeñará esta rapacidad civilizada, y estará bastante satisfecho de estar exento del sustento de mujer e hijos que, por efecto de la atracción industrial, ganarán mucho más de lo que gastan. La falange provista de su tercer enjambre podrá elevarse a *la gran aproximación o semi-ejercicio* que exige 1300 personas. Entonces comenzarán las operaciones de armonía elevada, como *la educación atractiva o natural* que apenas habrá sido bosquejada en el ejercicio reducido a su cuarta parte, limitada a 700 personas. La educación natural (tercera sección) será el más poderoso cebo para la clase opulenta: estarán convencidos, después de haber visto a los niños de la falange, que incluso un monarca no puede, con sus tesoros y sus gobernadores asalariados, dar a sus niños la cuarta parte de los desarrollos materiales e intelectuales que recibirá el niño más pobre de la falange. De acuerdo con esto, todas las personas ricas que tengan que conservar valiosos herederos se disputarán la admisión en los dos últimos enjambres, números 4 y 5, o pedirán incorporar allí a sus niños, a cambio de una compra de acciones cuya cotización será ya el triple del capital primitivo. He dicho que la propiedad más notable de la educación armoniana es la de desarrollar desde la más temprana edad, de tres a cuatro años, una veintena de vocaciones industriales, incluso en el niño que sería en los hogares civilizados un perezoso obstinado; y de educar a este niño en el gusto de las ciencias y de las artes, en el refinamiento material e intelectual, sin otra precaución que la de abandonarlo a la atracción, a la naturaleza, a todas sus fantasías (véase tercera y cuarta sección): un niño educado desde su nacimiento en las Series pasionales estaría a los cuatro años mucho más adelantado en vigor que un civilizado de seis años, y más adelantado en inteligencia que la mayor parte de los niños de diez años. Para dar brillo a estas propiedades del método natural, habrá que reservar lugares para los niños del exterior que los príncipes y las personas notables ofrecerán a montones. Se deberá pues evitar admitir en los tres primeros enjambres a plebeyos cargados de familia, que causarían una acumulación de niños. Bastará con que se tenga lo suficiente como para organizar, en edades de cinco a trece años, las maniobras coreográficas de 144 niños de los dos sexos con sus jefes, es decir, 160. Ahora bien, el número de niños se elevaría al menos a 220 sobre 1300 individuos de familias civilizadas. Se podrá entonces reducir la proporción natural de niños sobre los tres primeros enjambres, y admitir niños con pensión, que serán muy ofrecidos.

Supongo que el tercer enjambre habrá sido admitido al comienzo del otoño; los 1300 societarios habrán podido formar durante el invierno bastantes lazos para desplegarse de manera brillante en la primavera, cuando la falange pensará en enrolar su totalidad numérica, los últimos enjambres cuarto y quinto, con el efecto de dar el gran golpe y decretar, en *seis semanas de pleno ejercicio*, el abandono y la clausura de la civilización. Esta habrá sido ya condenada por todas las voces, pero como el invierno de semi-ejercicio estará sujeto a las calmas de las pasiones, por ausencia de las dos clases superiores, será luego de su entrada que se verá a la civilización vergonzosamente confundida y ridiculizada por sus más obstinados defensores. Dejemos de lado los detalles de instalación del cuarto y quinto enjambres, ya que nos limitaremos a una pequeña falange de tres enjambres solamente. Alcanzará ya para conseguir una muchedumbre inmensa de curiosos campesinos que vendrán de todas partes a asegurarse de si es cierto que el destino del hombre, la mecánica societaria de las pasiones fue descubierta, que la ley natural va a suceder a las visiones morales que tienden a reprimir, moderar y cambiar la naturaleza, sustituyendo las luces de Dios con las luces de Catón y Target.

Distribución de los cultivos en tres órdenes

Para introducir en los trabajos campestres la intriga, el atractivo, la variedad, el deseo de las tres pasiones mecanizantes, se distribuyen los cultivos societarios en tres órdenes entrelazados y adaptados a las diversas localidades: 1°, el orden simple o masivo; 2°, el orden ambiguo o vago; 3°, el orden compuesto o engranado.

1°: El orden *simple* o *masivo* es aquel que excluye los entrelazamientos; reina plenamente en nuestras regiones de grandes cultivos donde todo es campo de un lado y bosque del otro, y de la misma manera con los prados y las viñas; aunque haya, en cada masa de terreno, muchos sectores que podrían convenir a otros cultivos, sobre todo en los bosques, donde hay que establecer claros para la circulación del aire, el juego de los rayos solares y la maduración de la madera del tronco.

2°: El orden *ambiguo* o *vago y mixto* es aquel de los jardines complicados llamados *ingleses*, cuya idea se debe a los chinos. Este método, que reúne como por azar todo tipo de cultivos, solo es empleado entre nosotros en pequeña medida, y jamás en la totalidad de un cantón. El estado societario sacará gran partido de este sistema para el embellecimiento general y el atractivo industrial. Las masas actuales de prados, de bosques, de campos, perderán su aspecto triste con el empleo del orden ambiguo.

3°: El orden *engranado o compuesto* es lo contrario del sistema civilizado de las vallas y barricadas. En armonía, donde no se sufre el menor robo, el método engranado es plenamente practicable y produce el más brillante efecto. Cada serie agrícola se esfuerza por ramificarse sobre diversos puntos; introduce líneas avanzadas y parcelas aisladas en todos los sitios de las series cuyo centro de operaciones se encuentra alejado del suyo; y como consecuencia de esta mezcla, (subordinada a las conveniencias del terreno), el cantón se encuentra salpicado de grupos, la escena es muy animada y la vista es variada y pintoresca.

Estos tres órdenes pueden ser comparados a los de la arquitectura griega. No se ha sabido encontrar nada nuevo luego de las tres columnas griegas; apenas algunas ligeras variantes; será lo mismo con todos los métodos agrícolas que se puedan indicar, no serán más que modificaciones de los tres órdenes mencionados arriba. El orden masivo es el único practicado en los cultivos groseros de los civilizados; reúnen de un lado todos los cereales; por otra parte, cada uno de ellos hace en su jardín abuso del método engranado, acumula veinte especies donde debería haber apenas tres o cuatro. Una falange que explota su cantón en sistema combinado, comienza por determinar dos o tres empleos convenientes a cada porción. Siempre se pueden hacer mezclas con éxito, excepto el caso de un viñedo muy valioso que todavía puede admitir frutas y legumbres como accesorios del cultivo central. Estas aleaciones tienen como objetivo traer diversos grupos, procurar encuentros que involucren trabajos engranados con el suyo, y dejar aislado a un grupo en sus funciones lo menos posible. A este efecto, cada rama de cultivo busca impulsar divisiones entre las otras: el parterre y el huerto, que entre nosotros están confinados alrededor de la habitación, lanzan ramificaciones en todo el cantón. Su centro está en las cercanías del falansterio, pero impulsa fuertes líneas hacia la campiña, masas separadas que disminuyen por grados, se introducen en los campos y praderas cuyo suelo puede convenirles, e incluso los vergeles, aunque menos cercanos al falansterio, tienen en las cercanías algunos sitios de concentración, algunas líneas o bloques de arbustos y espalderas, insertados en el huerto y el parterre. Este engranaje, agradable en lo que respecta a la vista, tiende todavía más a lo útil, a la amalgama de las pasiones y de las intrigas. Hay que dedicarse sobre todo a facilitar los *matrimonios de grupos*, encuentros de los grupos de hombres con los de mujeres, como resultado del engranaje de los cultivos; la idea de matrimonio de grupos es divertida y se presta al equívoco, pero se trata de encuentros industriales muy decentes, y tan útiles como nuestras reuniones de salón y de café son estériles; por ejemplo: si la Serie de cerecistas está en reunión numerosa en su gran vergel, a un cuarto de legua del falansterio, conviene que, en la sesión de 4 a 6 horas de la tarde, se reúna en las cercanías con:

1° Una cohorte de los dos sexos de la falange vecina, llegada para ayudar con las cerezas;

2° Un grupo de damas floristas del cantón, que vienen a cultivar una línea de cien toesas de malvas y dalias, que forman una perspectiva para la ruta vecina y un borde en escuadra para un campo de legumbres contiguo al vergel;

3° Un grupo de la serie de los legumbristas, llegado para cultivar las legumbres de este campo;

4° Un grupo de la serie de las mil flores, llegado para el cultivo de un altar de la secta ubicado entre el campo de legumbres y el vergel de los cerezos;

5° Un grupo de jovencitas fresistas, que llegan al final de la sesión, y que salen de cultivar un claro de fresas en el bosque vecino.

A las cinco y cuarenta y cinco, unos furgones suspendidos salidos del falansterio llevan la merienda para todos estos grupos: se sirve en el castillo de los cerecistas, de cinco y cuarenta y cinco a seis y cuarto; enseguida los grupos se dispersan luego de haber formado lazos amistosos y negociado reuniones industriales o de otro tipo para los días siguientes. Más de un civilizado va a decir que no querría enviar ni a su mujer, ni a su hija a estas reuniones; es juzgar los efectos del estado societario a través de los efectos de civilización; los padres serán los más solícitos en ver a sus mujeres e hijas en las Series industriales, porque sabrán que nada de lo que allí pase puede permanecer desconocido. Ahora bien, las mujeres son muy circunspectas cuando se encuentran en un lugar donde, con seguridad, todas sus acciones serán conocidas por el padre, el marido, las rivales; eso es lo que no tiene lugar en una casa civilizada, donde el padre, si quiere vigilar mujeres e hijas, es engañado por todo lo que lo rodea. Siendo los matrimonios muy fáciles en armonía, *incluso sin dote*, las hijas son siempre ubicadas entre los 16 y los 20 años. Hasta entonces se les puede dejar plena libertad, porque se vigilan entre ellas, como se verá en los capítulos especiales; ahora bien, no hay guardia más segura para una mujer que el ojo de sus rivales. Se encontrará allí consideraciones útiles para un fundador sobre los matrimonios de grupos, las afiliaciones de los sexos en una Serie industrial, y los medios de obtener rédito de ello para alcanzar un objetivo ulterior, el acuerdo de repartición, sin el cual todo el mecanismo societario se derrumbaría al día siguiente de que estalle la discordia por el reparto de los dividendos. La amalgama juiciosa de los tres órdenes de cultivos es el medio de aliar lo bueno y lo bello. Estos órdenes no son siquiera conocidos por los agrónomos civilizados, que no pueden emplear más que sus versiones caricaturescas, a saber:

En *orden masivo*, los montones de bosques o campos: sus barbechos, tontamente encomiados por los poetas, ofrecen el aspecto más monótono; mientras que los bosques son un caos de masas informes y poco productivas, faltos de cultivo que, en civilización, no se extiende a los bosques. Todavía somos salvajes en este punto. Es una característica de engranaje en período salvaje, como el código militar es engranaje en período bárbaro.

El *orden ambiguo* solo se puede aplicar entre nosotros en lugares de recreo, como los jardines reales, los Tívoli y los merenderos; todavía no abarca más que un pequeño espacio donde domina sin amalgamarse con los otros dos órdenes y que, aún peor, no es productivo, es decir, no hay conjunción de lo bueno y lo bello: no es por lo tanto más que una caricatura de su destino.

En *orden engranado*, no se ve en nuestras culturas más que el engranaje inverso, o diseminación tendiente al empobrecimiento y el afeamiento. Trescientas familias aldeanas cultivan trescientas parcelas de coles de las cuales apenas treinta son convenientes para este cultivo, y en sus trescientos jardines se encontrará, todo lo más, diez miserables tipos de esta legumbre, mientras que una falange, limitándose a treinta *coleras* diseminadas en terrenos favorables, cultivará con éxito cien variedades de coles. Estamos pues, tanto en el empleo de los órdenes agrícolas como en toda otra rama del sistema industrial, en el punto opuesto a los proyectos de la naturaleza.

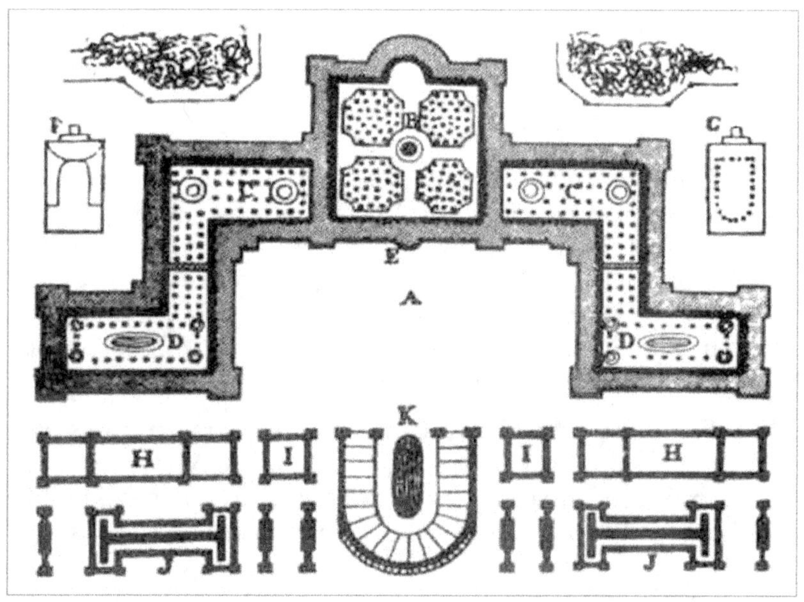

Leyenda

A. Plaza mayor de maniobras en el centro del Falansterio.

B. Jardín de invierno, plantado con árboles verdes, rodeado de cálidos invernaderos, Etc.

C & D. Patios interiores de servicio, con árboles, fuentes de agua, estanques, etc.

E. Entrada mayor, escalera mayor, torre de orden, etc.

F. Teatro

G. Iglesia.

H. I. Grandes talleres, tiendas, graneros, hangares, etc.

J. Establos, caballerizas y edificios rurales

K. Corral

NOTA. Los edificios rurales tendrán generalmente un desarrollo más considerable que el de la figura.- La ruta mayor pasa entre el palacio de habitación y los edificios de explotación.- La calle-galería está figurada a lo largo de las caras interiores del Falansterio.

PLANO DE UN FALANSTERIO A GRAN ESCALA

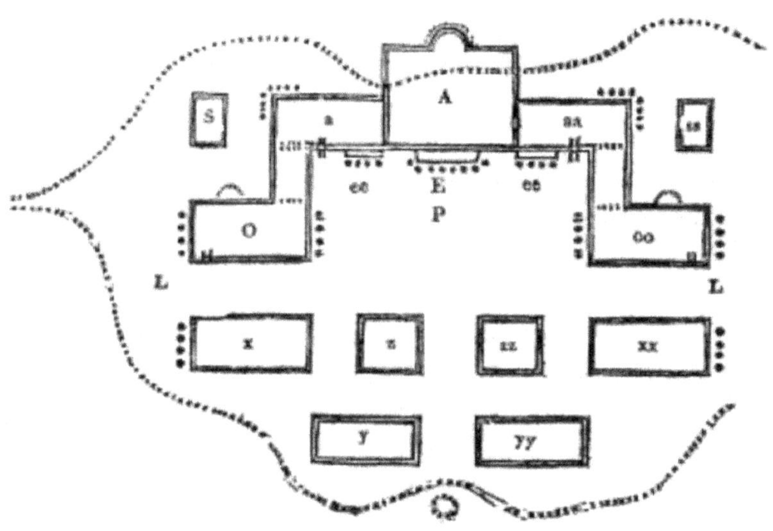

Longitud de la plaza P: 200 toesas

Longitud del frente entero: 360 toesas.

NOTA. Las letras de este plano son las referencias de la descripción que sigue.

DISTRIBUCIÓN UNITARIA DE LOS EDIFICIOS

Es muy importante prevenir la arbitrariedad en construcciones: cada fundador querrá distribuir según su fantasía. Hace falta un método adaptado en cada punto al juego de las Series pasionales: nuestros arquitectos, que no lo conocen, no podrían determinar el plan conveniente; sin embargo, si el material es falseado en su disposición, también lo será en lo pasional.

Los civilizados, al tener comúnmente el instinto de lo falso, no dejarían de preferir la distribución más perniciosa. Esto ha sucedido en New-Harmony, donde el fundador Owen ha elegido precisamente la forma de construcción que había que evitar, el cuadrado o monotonía perfecta. Es hacer uso de la desdicha, como un miliciano que atrapa el billete negro: uno de los inconvenientes del cuadrado es que las reuniones ruidosas, incómodas, los obreros con el martillo, los aprendices de clarinete, serían escuchados por más de la mitad de los habitantes del cuadrado en cualquier punto que se los ubicara. Citaría otros veinte casos donde la forma cuadrada causa desorden en las relaciones. Bastaría con ver el plan de este edificio para juzgar que aquel que lo ha imaginado no tiene ningún conocimiento en mecanismo societario. Por lo demás, su cuadrado puede ser bueno para las reuniones monásticas, como las que él funda, siendo la monotonía su esencia. La principal causa que impedirá usar con provecho los edificios civilizados es que resulta casi imposible realizar allí los seristerios o masas de salas y piezas dispuestas para las relaciones de las Series pasionales: los establos existentes tienen la misma falla. Aunque se podrá hacer empleo de ciertos edificios actuales para la falange a escala reducida, no se podrá hacerlo a plena escala, cuyo plan daré.

Las dobles líneas representan los cuerpos de edificios, el blanco figura los patios y los huecos. Las líneas de puntos sinuosos y cuadrados figuran el curso de un arroyo de doble canal. En línea recta de L a L hay una gran ruta que pasaría entre el falansterio y los establos; pero se evitará con cuidado hacer pasar las rutas por el interior de la falange de ensayo que, por el contrario, habrá que empalizar contra los importunos (¿?????). P.= es la plaza de maniobras en el centro del falansterio. A.= es el patio de honor que hace de paseo de invierno, plantado con vegetales resinosos y enramadas permanentes.

a, aa; o, oo: patios ubicados entre los cuerpos de viviendas.

Puntos grandes ****, columnatas y peristilos, de trazado informe, demasiado espaciados exceptuando las doce columnas de la rotonda.

X, y, z; xx, yy, zz: patios de los edificios rurales.

II II : los cuatro porches cerrados y caldeados, no salientes.

E, ee: tres portales en arimez para diversos servicios.

: : : : Estos puntos dobles entre dos cuerpos de edificios son pasillos ubicados sobre columnas en el primer piso.

Los edificios que rodean y están vecinos al patio A están afectados a las funciones apacibles; se pueden ubicar allí la iglesia, la Bolsa, el areópago, la ópera, la torre de orden, el carillón, el telégrafo, las palomas de posta. Se deberá ubicar en uno de los alerones todas las funciones ruidosas e incómodas para los vecinos.

La mitad que sobresale del cuadrado A, la porción de atrás, está especialmente destinada a alojar a la clase rica, que allí se encuentra alejada del estruendo y cerca del parterre principal, así como del paseo de invierno, atractivo del cual las capitales civilizadas están desprovistas aunque tengan, casi todas, más tiempo feo que lindo.

Los dos patios a, aa, que están contiguos a las alas, están afectados uno a las cocinas, el otro a las cuadras y coches de lujo. Los dos deben estar cubiertos lo más posible de sombra. No indico las arcadas de pasaje.

Los dos edificios S, ss, podrán ser empleados, uno para la iglesia, si se la quiere aislar, el otro para la sala de ópera, que es prudente aislar. Tendrán comunicación subterránea con el falansterio.

Los dos patios O, oo, ubicados en el centro de cada alerón, estarán afectados uno al caravasar, el otro a los talleres ruidosos, carpintería, forja, martillo, escuelas vocingleras.

Se evitará con estas disposiciones un inconveniente de nuestras ciudades civilizadas, donde se encuentra en cada calle alguna calamidad para las orejas: un obrero con martillo, un mercader del hierro, un aprendiz de clarinete, que rompen el tímpano a cincuenta familias de la vecindad, mientras que el mercader de yeso o de carbón los envuelve con un polvo blanco o negro que impide abrir las ventanas, oscureciendo las tiendas y la vecindad por la libertad de comercio. El alerón afectado al caravasar contiene las salas de relaciones de los extranjeros; se los ubica allí a fin de que no estorben el centro del falansterio y se propaguen en los edificios rurales, hacia los grupos de los campos y de los jardines, sin obstruir el interior del palacio. Todos los niños, ricos o pobres, se alojan en el entresuelo para gozar del servicio de las guardias de noche y porque deben, en muchas relaciones, especialmente en las vespertinas, ser aislados de la edad adulta.

Los patriarcas se alojan en su mayor parte en la planta baja. Al darle al falansterio desarrollos demasiado extendidos, se lentificarían las relaciones; convendrá pues redoblar el cuerpo de habitación, como se ve en el plan: algunos (x) de 80 toesas por 40, podrán ser subdivididas en 2 o 4 cuerpos separados, de formas variadas. Se establecerá entre estos dobles cuerpos dos tipos de comunicaciones:

1°, subterráneas

2°, atravesadas en el primer piso con corredores ubicados sobre columnas, en el primer punto donde los cuerpos de los edificios se acerquen, como en a y aa.

Para economizar en los muros y el terreno, convendrá que el edificio gane en altura, que tenga al menos tres pisos, más el nivel del friso. Agregando la planta baja y el entrepiso, habrá seis escalones de alojamiento, comprendido el campo celular, ubicado en el friso. Es un local para los pasajes de los ejércitos industriales. Habrá que evitar la construcción de edificios con una fila simple de cuartos, como hay en nuestros monasterios, palacios, hospitales, etc. Para activar las relaciones, todos los cuerpos de viviendas deberán ser, con doble fila de cuartos, lo bastante profundos como para contener alcobas y gabinetes que economizarán muchas construcciones. La calle-galería es la pieza más importante; aquellos que han visto la galería del Louvre en el Museo de París pueden considerarla como modelo de una calle-galería de armonía, que será entarimada y ubicada del mismo modo en el primer piso, y cuyas ventanas podrán, como las de las iglesias, ser de forma alta, larga y combada, para evitar tres rangos de ventanas pequeñas. Sin embargo, se perdería mucho de este lujo en una falange de ensayo, incluso en una a gran escala.

La planta baja tendrá algunos pasajes en calle-galería, pero no podrán ser continuas como en el primer piso, donde no será interrumpida por el paso de vehículos y los porches. Dichas galerías, templadas en todas las estaciones por tubos de calor o de ventilación, sirven de comedor en el caso de pasaje del ejército industrial (esto no se verá en la falange de ensayo).

Estas comunicaciones resguardadas son tanto más necesarias en el estado societario, puesto que los desplazamientos son muy frecuentes y las sesiones de los grupos no deben durar más que una hora y media o dos horas a lo sumo. Los refugios y pasajes cubiertos son un atractivo del cual incluso los reyes están desprovistos en civilización; al entrar en sus palacios, uno está expuesto a la lluvia, al frío; al entrar en la falange, el menor vehículo pasa de los porches cubiertos a los porches cerrados, que están caldeados como los vestíbulos y las escaleras. No diré nada del campo celular o conjunto de recámaras ubicadas en el nivel del friso. No terminaríamos nunca con estas minuciosas descripciones.

Los seristerios o lugares de reunión de una Serie pasional no se parecen en nada a nuestras salas públicas donde las relaciones se operan confusamente, sin graduación. Un baile, una comida no forman entre nosotros más que una sola asamblea sin subdivisión: el estado societario no admite este desorden. Una serie tiene siempre 3, 4, 5 divisiones que ocupan igual número de salas contiguas: cada seristerio debe tener piezas y gabinetes adheridos a sus salas para los grupos y juntas de cada división; por ejemplo, en el seristerio de banquete o de comedores, debe haber nueve salas muy desiguales, a saber: 1 para los patriarcas, 2 para los niños, 3 para la clase pobre, 2 para la clase media, 1 para la clase rica; no están incluidas las salas del caravasar, ni los gabinetes y pequeños salones necesarios, sea para la comida a pedido, sea para las compañías que quieren aislarse de las mesas de clase, aunque estén servidas con el mismo plato. Los apartamentos se alquilan y son entregados anticipadamente por la regencia a cada uno de los societarios. Las líneas de apartamentos deben estar distribuidas en *series engranadas*, es decir que, si son de veinte precios diferentes, desde 50, 100, 150, hasta 1000, hay que evitar la progresión consecutiva continua, aquella que ubicaría en el centro todos los apartamentos de alto precio, e iría declinando hasta el extremo de las alas; por el contrario, hay que engranar las series de apartamentos en el orden siguiente:

Distribución en escala compuesta

2 cuerpos en los alerones por			50	100	150	200	250
			150	250	250	300	350
2 cuerpos en las alas por		250	300	400	400	450	600
		400	450	550	550	600	650
2 cuerpos en el centro por	550	600	650	750	750	800	850
	700	750	800	850	900	950	1000

Ejemplo: para engranar estas dobles escalas, los alojamientos en un ala deberán ser escalonados como sigue, alternando los precios: 250, 400, 300, 450, 350, 500, 400, 550, 450, 600, 500, 650. La progresión simple, constantemente creciente o decreciente, tendría inconvenientes muy graves: lastimaría el amor propio, y paralizaría diversas palancas de armonía; reuniría en el centro a toda la clase rica, y en los alerones a todo el desperdicio; ocurriría que los alerones serían despreciados y reputados como de clase inferior. Se debe distinguir las clases, pero no aislarlas. Por medio de la progresión engranada, un individuo que se aloja en el centro A, que es el barrio de lujo, puede tener menos fortuna que otro que ocupa un alojamiento en las alas, pues los principales apartamentos del ala, que se pagan 650, son más valiosos que los últimos del centro, que cuestan 550. Perderíamos un acuerdo de la más alta importancia, la fusión de las tres clases, rica, media y pobre, si existiera en el falansterio un barrio de gente de baja condición, una zona expuesta a las burlas. Se evitará este problema con la progresión engranada.

Una falange regular, como serán al cabo de 40 años, tendrá 3 o 4 castillos ubicados sobre los puntos frecuentados de su territorio; se llevará allí el almuerzo o la merienda, en caso de que las cohortes de la vecindad se reúnan sobre este punto para algún trabajo: perderían tiempo al volver a probar una comida en el falansterio, que no puede encontrarse en la dirección de su camino de retorno. Cada serie tendrá también su castillo sobre un punto situado cerca de sus cultivos; cada grupo tendrá su belvedere o un pequeño pabellón de depósito. Pero no se tendrá todo este lujo en la falange de ensayo, algunos hangares y refugios modestos serán suficientes. Solamente habrá que dedicarse a disponer bien el falansterio y los medios de seducción, como las comunicaciones protegidas. Estas serán un cebo muy poderoso para las personas ricas que, desde el primer día, tomarán aversión por las casas, palacios y ciudades civilizadas, las calles fangosas y los carruajes, que se vuelven fastidiosos al subir y bajar veinte veces en una mañana. Se encontrará mucho más agradable, en tiempo lluvioso o frío, ir sobre parquet o cerámica a todas las reuniones interiores, caminar en corredores caldeados o enfriados según el tiempo; esta será, para los curiosos que paguen, una primera seducción que los incitará a recorrer todos los talleres, los establos, a admirar la destreza de los grupos, su buen porte, la distribución parcelaria y graduada. Al cabo de tres a cuatro días, habrán tomado partido por muchos de estos detalles parcelarios y habrá, incluso en una falange de escala reducida, postulantes de la clase rica, más de los que se desearía.

Queda todavía hablar de los materiales de las construcciones: sobre este punto habrá que disponerse a hacer economía, construir con ladrillo y mampuesto, pues aun cuando se fundara a plena escala, sería imposible en esta primera prueba determinar exactamente las dimensiones convenientes a cada seristerio y a cada establo. No se podrá estimar exactamente esta proporción sino cuando se sepa a qué tipo de trabajos se deberá dedicar preferentemente cada falange, cuando las rivalidades y conveniencias de cada país hayan sido fijadas por una experiencia de algunos años. Cada falange, al cabo de tres o cuatro años, tendrá muchas nuevas relaciones y nuevas Series pasionales que no podría organizar desde el comienzo; en consecuencia, los edificios originales serán ya muy inconvenientes al cabo de diez años, y más aún al cabo de veinte o treinta años; entonces se reconstruirán todos los falansterios del globo muy suntuosamente, porque se sabrá por experiencia que en el estado societario el lujo, en arquitectura como en todo, es semilla de atracción y por consiguiente vía de enriquecimiento. Suprimo de este plan muchos detalles; he dado los suficientes como para guiar en una fundación a escala reducida, cuyos accionarios, achicando el plan dado, deberán acercarse a ella en las distribuciones tanto como sea posible.

ACUERDOS INTENCIONALES SOBRE LA REPARTICIÓN

Nos acercamos al problema de la repartición, sobre cuya solución reposa todo el mecanismo societario. Si los acuerdos fueran débiles sobre este punto, veríamos desmoronarse muy rápidamente todo el edificio; la falange de prueba sería disuelta al cabo de su primera campaña. Para garantizar el acuerdo de repartición, tendremos dos medios más que suficientes: el primero es la codicia que no faltará jamás entre los hombres; ahora bien, si se encuentra el medio de transformarla en prenda de repartición equitativa, estaremos ya seguros del reino de la justicia. El segundo medio de equilibrio en repartición será la generosidad, que no es practicable en civilización; los civilizados, al no juzgar más que según sus costumbres, podrían considerarla igualmente imposible en armonía; es por lo tanto indispensable describirles brevemente estos acuerdos de generosidad, de donde resultará el concierto intencional, antes incluso de que se proceda a la repartición. Este examen será el asunto de cuatro pequeños cuadros distinguidos en acuerdos materiales, afectuosos, mecanizantes y unitarios.

DEL ACUERDO INTENCIONAL POR LOS GOCES MATERIALES

La primera vía de acuerdo en asociación es el enriquecimiento. A causa de esto se ve, en toda compañía de comercio, que los asociados se enemistan, se separan cuando la empresa no da beneficio. El acuerdo intencional no podrá entonces reinar en la falange mientras cada uno no vea, en su fortuna y sus goces, un crecimiento colosal, una renta cuatro veces mayor en lo efectivo, treinta y hasta cuarenta veces mayor en lo relativo. Considero aquí en paralelo lo efectivo con lo relativo. Una familia que vive en las ricas provincias de Francia, como Touraine y Anjou es, en cuanto a la vida animal, diez veces más rica que si viviera en Londres. Tendrá en los campos vecinos a Tours y Saumur frutos y vinos por la décima parte de lo que las pagaría en Londres; así se ve a muchas familias inglesas habitar en Touraine para ahorrar mientras viven espléndidamente. Hay entonces circunstancias que pueden elevar ciertas ramas de riqueza al décuplo relativo, sin que se haya agregado nada a la fortuna efectiva; y si a estos medios se suma una cuadruplicación de la renta efectiva, se elevará la riqueza relativa cuarenta veces, puesto que se tendrá cuatro veces más facultades pecuniarias para procurarse un bienestar décuplo. La riqueza *relativa* en régimen societario puede, en diversas ramas, elevarse a un grado incalculable, incluso al céntuplo, al combinarse con la cuadruplicación de la renta real; he aquí dos ejemplos sacados de los más suntuosos y de los más mínimos objetos de lujo:

transporte. Cuesta en París 6000 francos por año a todo hogar que quiere hacer rodar una carroza, tener solamente tres coches, uno para la ciudad, uno para el campo y un cabriolet, mantener a los criados, renovar los caballos y carruajes. Esta familia podrá, en armonía, con 600 francos por año, gozar de la suscripción a los coches de todos los grados, incluso de gala, y a los caballos de silla. Esta riqueza, diez veces mayor respecto a los gastos del material, se multiplica por veinte si se tienen en cuenta las ventajas de opción sobre un conjunto de coches numerosos de todo tipo, la dispensa de debatir con comerciantes y obreros tramposos, la dispensa de lacayos, de sus hurtos e intrigas, de su espionaje y otros problemas de vigilancia que hacen decir, con razón, que la servidumbre es la calamidad de los grandes. En cuestión de transporte, los carros y los caballos no son el único aspecto sobre el cual hay goces que desear: a menudo los carros no son más que un mal menor fastidioso, como en París y Londres, donde el carro casi no es más que un placer negativo, un medio de escapar del fango, de las intemperies y de los largos caminos; y después, un medio de escapar de los obstáculos del campo parisino, donde la clase rica está aprisionada en sus castillos por las malas rutas y los empedrados fatigosos, bordados de dos hileras de fango desagradable. Las rutas de los alrededores de París son el suplicio del paseante y el cazador: cloacas de barro durante siete meses de invierno, océano de polvo durante cinco meses de temporada cálida, a veces desde el mes de marzo, como en 1825. Lo contrario tiene lugar en asociación, donde se proporciona al transporte caminos con variantes, teniendo senderos para carretones, senderos para vehículos ligeros, senderos para peatones, senderos para caballos y cebras, vías cubiertas de sombra, senderos humedecidos. Sobre esta tercera rama de transporte, como sobre las dos precedentes, el bienestar será al menos el décuplo del nuestro: obtenemos así un gozo comparativo treinta veces mayor sobre el transporte.

Una cuarta rama de atracción es la de las comunicaciones cubiertas en todo el interior de los alojamientos, establos, tiendas y talleres: el placer de ir a las sesiones de trabajo, a la iglesia, en visita, a las reuniones de espectáculo, baile, etc., sin reparar en si hace calor o frío, sin correr ningún riesgo de catarro ni fluxiones al salir de un baile, de donde se retira uno hacia el hogar a través de corredores caldeados. Si uno se vuelve a una milla de allí, se sube a un carro en un porche caldeado, donde los animales comparten el bienestar de los hombres. No diré que en este género de gozo el bienestar de los armonianos sea décuplo del nuestro, porque nosotros no tenemos ninguno. Los desplazamientos son casi siempre incómodos, a menudo peligrosos, incluso para un rey: pues el rey de Francia no tiene un porche cubierto y caldeado; es necesario que, para subir a una carroza, sufra la nieve y el cierzo. Vemos a mujeres que ganan una fluxión de pecho al salir de un baile; un particular, en una mañana empleada en las visitas, en los negocios, está obligado a subir a un carro veinte veces, subir y descender sin pausa las escaleras. No se apreciará la incomodidad de este género de vida hasta que no se pueda hacer el paralelo con el atractivo de las comunicaciones cubiertas y convencerse de que, en los edificios como en todas las cosas, la distribución civilizada es el *mundo al revés*. Agregando este bienestar, estimado veinte veces mayor, al ya enumerado, encontramos la suma del gozo aumentada cincuenta veces en lo que corresponde a los transportes y desplazamientos; y como se tendrá, para gozar de este bienestar, una renta cuádruple, la suma del mejoramiento, al multiplicar el cuádruplo efectivo por el placer relativo aumentado cincuenta veces, se elevará a los *dos céntuplos*: es decir que el crecimiento del bienestar en armonía es incalculable.

Continuemos sobre lo material, paso a los detalles menores. Los reyes, aun teniendo un grupo de personal doméstico, no pueden procurarse una comida tan delicada como será la del bajo pueblo armoniano. No pueden tener opción sobre diversos caldos de perfume natural o leguminoso; sus caldos son enmascarados con jugos y salsas, sus cocineros no tendrían ni el talento ni la paciencia para hacerles una combinación de caldos puros de carnes y legumbres. Estos cocineros de corte son incluso peores respecto a muchos platos que creen por debajo de su dignidad. Sin embargo, el estómago de un príncipe, como el de un burgués, necesita variedad: uno se cansa tanto de los platos rebuscados como de los comunes: no hace mucho una gran princesa que realizaba un viaje, sentada a una mesa suntuosamente provista por los cuidados de los prefectos y los alcaldes, les decía: "Todo eso es muy bello, pero yo preferiría papas". No las encontrará fácilmente en París, donde esta legumbre es tan torpemente cultivada y cosechada. Por otra parte, ¿conocerán sus cocineros el método que conserva el perfume del vegetal, que es la cocción bajo ceniza, operación de las más difíciles y desdeñada por un cocinero real? ¿Se informa en qué tipo de terreno y según qué método una legumbre fue cultivada? Estos refinamientos de calidad, que un rey civilizado no puede procurarse, serán asegurados al más pobre de los armonianos. Aunque no comiese más que un omelette, una ensalada, podrá decirse: *estoy mucho mejor servido que los reyes civilizados*. En efecto, no se conoce entre nosotros las distinciones de sabor de los huevos que provienen de diversos sistemas de nutrición de los pollos; un rey está obligado a contentarse con huevos comprados al azar, algunos de los cuales tienen feo gusto, aunque sean de bella apariencia.

En cálculos de mecánica de las pasiones, la regularidad exige que se establezcan las pruebas sobre los dos extremos de cada serie. He citado gozos paralelamente; primero, uno de los más fastuosos, el de los carruajes y coches de gala. Voy a descender ahora a uno de los más vulgares: que no disguste a los bellos espíritus que no pueden acostumbrarse a esta regla del contacto de los extremos, regla que, dicen, no está a la altura de la filosofía: esta va a desdeñar un paralelo trivial, un tema extraído del testamento burlesco de Scarron, que lega "A Moliere la cornudez. Al gordo Saint-Amand, queso". Si el queso es digno de la poesía, e incluso de la musa lírica (véase la oda de Lebrun sobre el triunfo de nuestros paisajes, que incluyen el queso de Vanves salido de las manos de Galatea), este plato campestre podrá figurar tanto mejor en mi prosa burguesa, donde se verá a una corteza de queso elevarse a la altura de la más sublime filosofía, al develarnos la nada de las grandezas civilizadas. Humanamente hablando: la tesis es que un rey, con todos sus tesoros, no puede disponer en su mesa queso que satisfaga a sus comensales; porque es necesario, en el servicio armónico del queso, presentar tres series: 1°, de especies; 2°, de variedades de cada Especie; 3°, de edades de cada variedad. Esta distinción en tres escalas exigirá aproximadamente cincuenta trozos de queso cortados recientemente, aunque se preparara la mesa solo con tres especies, como gruyere, gex y brie, los más usados en París donde sin embargo se ve, en las mejores mesas, y sin duda en la del rey, servir apenas tres trozos de queso, sin ninguna escala, ni de especie, ni de calidad, ni de edad. Los más pobres de los armonianos gozarán de esta variedad negada a nuestros reyes. Siendo el queso o muy sano o muy nocivo según su afinidad con las facultades digestivas de cada sujeto, doce convidados necesitarán doce calidades diferentes de queso que solo podrán encontrar sobre una girándula que contenga, debajo de varias campanas, una combinación de una cincuentena de variedades, en tres series de especies, calidades y edades; variedad de la que gozará cada día el menor de los armonianos, y que hoy no es posible, incluso, para un rey. Es importante remarcar incluso en los más mínimos detalles, como por ejemplo en esta minucia del queso, que el bajo pueblo armoniano estará, en todos los géneros de gozo, muy por encima de nuestros principales y nuestros soberanos. ¿Osaría un hombre decir, en la mesa del rey, "Estos tres quesos no son los que necesito, quiero del tipo que es muy salado, con ojos medianos, lágrimas abundantes, masa compacta sin elasticidad y rojiza hacia la corteza"? Un hombre tal sería tratado de palurdo. Es así como los civilizados son perseguidos a cada paso por las conveniencias, obligados a moderar sus pasiones. El atractivo de los armonianos será no moderarlos en nada, y poder exigir una calidad tal en la corteza y la miga del queso. La encontrarán en la combinación de triple serie e incluso en todo otro platillo.

Concluyamos ahora en lo que toca a los acuerdos intencionales que habrán hecho nacer los gozos materiales, graduados de forma tal de procurar atractivos a todos, a cada momento, pues el atractivo de la vida *material* es poder satisfacer, en todo instante y minuciosamente, las más pequeñas fantasías. Los reyes están muy lejos de este género de dicha que no se obtiene más que de las Series pasionales; y este será uno de los motivos por los cuales un rey, después de haber visto la falange de ensayo, volverá a ver sus palacios, su corte, su etiqueta con un profundo desdén. Se ve que he estimado por debajo de la realidad al decir *cuadruplicación* de riqueza efectiva y gozos cuarenta veces más desarrollados; porque en muchas ramas, como las comunicaciones y transportes, se excederá el céntuplo. Estos desarrollos que señalo son una expresión modesta para suavizar una verdad deslumbrante. Vemos también que el mecanismo societario observa exactamente las reglas de contacto de los extremos y vínculo de las partes: los gozos que procura se extienden a todas las clases y a los más mínimos detalles. Al combinar con estos placeres sensuales la ausencia de preocupaciones materiales, de las cuales los padres y madres serán liberados, el contento de los padres aliviados de los gastos del hogar, la educación y la dote, el contento de las mujeres, liberadas de la aburrida actividad doméstica no remunerada, el contento de los niños abandonados a la atracción, excitados en los refinamientos de los placeres, incluso en la gula; en fin, el contento de los ricos, tanto por el crecimiento de la fortuna como por la desaparición de todos los riesgos y trampas que rodean a un civilizado opulento; al efectuarse esta combinación, repito, es fácil presentir que la falange de ensayo no tendrá desde el primer mes otra preocupación que la de mantener un orden tan bello, y sabiendo que mantenerlo va a depender únicamente del acuerdo en repartición, se interesará por los medios para lograr este acuerdo del cual se dudará durante el transcurso de la primera campaña, porque todavía no se lo habrá visto, al no poder hacerse la repartición más que en enero o febrero, luego del cierre del inventario. Se verá entonces a las series, los grupos, los individuos, concertarse sobre este acuerdo, tomar animadamente las resoluciones más generosas, comprometerse con sacrificios pecuniarios que *no serán necesarios*: cada uno se esforzará por mostrar su abnegación *intencional* y por tomar resoluciones desinteresadas. Cada uno, frente a la sola idea de recaer en civilización, se espantará como frente a la idea de caer en las llamas del infierno; cada uno proclamará que suscribe por adelantado a abandonar, si hay que hacerlo, la mitad de su beneficio. Desde entonces, el deseo de unidad, el acuerdo intencional sobre el mantenimiento de la unidad, se elevará al más alto grado. Vamos a remarcar el mismo resultado en otras relaciones, además de las materiales.

DEL ACUERDO INTENCIONAL POR EL ATRACTIVO DE MECANISMO

Tocamos uno de los costados maravillosos del lazo societario: no son prodigios lo que vamos a leer, sino dobles prodigios. Nuestros espíritus fuertes discuten a Dios el poder de hacer milagros; veremos en el mundo societario una facultad más sorprendente, la de los dobles milagros, el poder de operar en cada rama de relaciones dos prodigios juntos, y no uno solo. No es sin razón que la naturaleza nos da una inclinación por las maravillas: estas ilusiones románticas son la naturaleza del hombre societario, pero en un sentido muy diferente de aquel que han adoptado los novelistas, los cuales no nos presentan más que prodigios simples. Son, en este sentido, menos clarividentes que el pueblo, que percibe y define muy bien el destino del hombre: *dicha* o *desdicha compuesta y nunca simple*. Este principio está expresado en dos adagios vulgares, aplicados el uno a la riqueza, el otro a la pobreza.

Riqueza: La piedra va siempre a la pila.

Pobreza: Para los pobres, la miseria. *"Abyssus Abyssum invocat"*.

En efecto, si un hombre es rico, se le tiran a la cabeza las sinecuras: Bonaparte daba a los ricos banqueros dotaciones de senador por un monto de 25000 francos de renta. Si un hombre es pobre, no se le quiere dar ni siquiera empleo; su probidad es sospechada; a su miseria se agrega el ultraje: el bien y el mal no son nunca *simples* para el hombre social, su destino es la dualidad en dicha o en desdicha, el modo *compuesto* y no *simple*. Ignorando este principio, nuestras ciencias políticas, morales y metafísicas han todas caído en el simplismo, en el error de considerar el movimiento social y la naturaleza humana en modo simple, de creer que el hombre está hecho para la dicha simple o para la desdicha simple: este falso principio, que yo llamo simplismo, los ha conducido de extravío en extravío, hasta llegar al más vergonzoso de todos, el *materialismo* y el *ateísmo*, que son dos opiniones *simplistas*, puesto que reducen la naturaleza a un único principio, el material; ¡y el siglo caído en esta absurdidad osa vanagloriarse de su vuelo sublime! Volveré sobre este tema: disipemos en principio el prejuicio de un destino simple; demostremos con tres ejemplos sobre la riqueza, la salud y la economía, que en nuestras relaciones domésticas e industriales todo será dicha compuesta, atractivo dual, cuando el hombre se haya rendido a su naturaleza, al mecanismo societario.

1°: *Doble prodigio en riqueza*

Los civilizados se creen dichosos cuando, como fruto de sus trabajos, alcanzan la comodidad luego de algunos años de privaciones. Siete octavos de entre ellos son reducidos a soportar la miseria durante la juventud, solo para alcanzar, a fin de cuentas, la pobreza en la vejez. Se puede entonces llamar clase favorecida a aquella que, por el precio de una juventud laboriosa, alcanza la *comodidad* o *una pequeña fortuna* en la mediana edad, a los cuarenta años, cuando uno todavía está a tiempo de gozar. Un logro tal es un semi-prodigio, dadas las dificultades a remontar; y hay prodigio completo cuando, al empezar sin capitales, se llega con industria a la gran fortuna a partir de la edad de 40 años. Pero si se llegara pronto a la gran fortuna, sin entregar capitales, sin otro esfuerzo que el de liberarse inmoderadamente a placeres de toda especie, el atractivo sería doble: sería un prodigio el obtener una gran cosecha sin semillas aparentes, y otro prodigio el alcanzar la fortuna a través del ejercicio de los placeres que, en civilización, frecuentemente hacen perderla a quien la posee. Cada uno, en armonía, ve operar en su favor este doble milagro; en efecto, al transformarse allí los trabajos en placeres lucrativos y atractivos, cada uno logra la fortuna a través del ejercicio de los placeres; y se la logra pronto, a los veinte años, a los diez años, e incluso a los cinco, pues un armoniano goza de todos los bienes deseados por nosotros: carros, caballos, jaurías, buena comida, espectáculos y fiestas continuas; todos estos atractivos son, en armonía, el patrimonio del más pobre de los seres, que posee carros, jaurías y caballos de *minimum*, igualando el tren de vida de un parisino con una renta de treinta mil francos, y que encima no puede gozar de las diferentes opciones de combinación. Y como los placeres son pagos en este orden social que los utiliza, como se retribuye con un dividendo a los grupos que se dedican a la caza, a la música, así como a aquellos que se entregan al arado, ahora vuelto atractivo, ocurre: 1°, que el armoniano, desde su más tierna edad, recoge sin semillas, puesto que no ha pensado más que en divertirse; 2°, que se enriquece por el ejercicio de los numerosos placeres que hoy lo arruinarían en poco tiempo. Es entonces un doble prodigio a su favor, un atractivo compuesto y no simple en la adquisición de riquezas. Pasemos a otros milagros compuestos.

2° *Doble prodigio en salud*

Una regla, que nos parece muy sabia, es la de usar moderadamente los placeres, con el fin de cuidar el cuerpo; y es vista como un prodigio la ventaja, muy excepcional, de conservar la salud mientras se revuelca uno en los excesos. La Antigüedad se sorprendió de que Nerón conservara su pleno vigor, luego de dieciocho años de excesos habituales. Si este uso inmoderado de los placeres deviniese vía de salud, si aquel que se entregara más a cualquier gozo se transformase en el hombre más robusto, un efecto tal sería un doble prodigio, muy inconcebible en las costumbres civilizadas, donde cada placer ocasiona por lo general excesos que comprometen la salud; mientras que en las Series pasionales, donde existen por todas partes contrapesos fundados en la variedad de los gozos, cada uno gana en vigor según su actividad, que figura en los placeres de todo tipo. Hagamos la demostración: el hombre que haya atravesado en el curso del día treinta clases de gozos, habrá dado a cada uno aproximadamente media hora; aquel que no haya probado más que quince, les habrá dedicado el doble de tiempo, aproximadamente una hora por sesión, o dos horas si se ha limitado a ocho placeres.

Es evidente que el primero, limitando cada placer a media hora, habrá abusado mucho menos, se habrá acercado menos al exceso que el tercero, el cual habrá dado dos horas a cada sesión. Cuatro hombres se quejan de indigestión al día siguiente de una comida larga y prolongada: se puede asegurar que tres de ellos habrían escapado de la indigestión si la comida hubiese durado la mitad. Los generales de Alejandro hicieron una orgía de ebriedad y glotonería que se prolongó durante toda la noche; cuarenta y dos de ellos murieron al día siguiente: si la orgía no hubiese durado más que dos o tres horas, no habría muerto uno solo, porque se habrían evitado los excesos que ordinariamente no tienen lugar sino al final de la comida y en las sesiones demasiado prolongadas. Según este principio, cuanto más numerosos y frecuentemente variados sean los placeres, menos se correrá el riesgo de abusar de ellos; pues los placeres, como los trabajos, se vuelven prenda de salud cuando se los usa moderadamente. Una cena de una hora, variada por conversaciones animadas que previenen la precipitación, la glotonería, será necesariamente moderada, sirviendo para reparar las fuerzas que usaría una larga comida sometida a los excesos, como las grandes cenas de civilización, las reuniones morales de electores, francmasones, corporaciones, y otros que pasan medio día en la mesa, en honor de la dulce fraternidad. Estas largas fiestas de civilización, estas comidas y bailes interminables, no son más que pobreza, ausencia de diversión y de medios. La armonía que presentará, especialmente a la gente rica, opciones de placer de hora en hora, e incluso de cuarto de hora en cuarto de hora, prevendrá todos los excesos con multiplicidad de gozos; su sucesión frecuente será una prenda de moderación y de salud. En consecuencia cada uno habrá ganado en vigor, en razón del gran número de sus divertimentos: efecto opuesto al mecanismo civilizado, donde la clase más voluptuosa es siempre la más débil de cuerpo. No se debe acusar a los placeres, sino solamente a la rareza de los placeres de donde nace el exceso, que parece autorizar a los moralistas a condenar la vida epicúrea: ellos predican la moderación *inversa* o resistencia al atractivo del placer; ignoran el régimen de moderación *directa* o abandono a una gran variedad de placeres contrabalanceados uno por otro, y preservados contra el exceso por su multiplicidad, su encadenamiento. No es en civilización que puede establecerse este mecanismo; está reservado a las Series pasionales. Toda nuestra sabiduría es de orden inverso, notablemente en medicina donde empleamos la sobriedad, la privación especulativa, en lugar de la gastrosofía o gula equilibrada por la variedad, que satisface a la vez el gusto, la imaginación y el estómago, mucho más fuerte en facultades digestivas cuando se la sostiene por una escala de variedades adaptadas al temperamento. El orden sanitario nacerá pues de la afluencia misma de los placeres, hoy tan perniciosos por el exceso que provoca su rareza. Un resultado tal será doble prodigio, o atractivo compuesto, relacionado con la salud.

1°: Transformará en prenda de vigor esta vida epicúrea que, en el estado actual, es vía de perdición, tanto de la salud como de la fortuna.

2°: Al prodigar a los ricos estas alternancias continuas de placeres, transformará en vía de salud la riqueza que, hoy, no es más que vía de debilitamiento; pues la clase más rica es siempre la más sujeta a las enfermedades: son testigos las gotas, reumatismos y otros males que se encarnizan con el prelado y el ministro, y que no entran en la cabaña del campesino, donde otras enfermedades, como las fiebres, solo penetran debido al exceso de trabajo y no de placer.

3°: *Doble prodigio en economía*

Ya lo he enunciado, es la propiedad que tienen las Series pasionales de elevar las economías en razón de la multiplicidad de los caprichos y refinamientos. Una falange puede fabricar veinte clases diferentes de pan por menos costo que un solo tipo de pan que, debido a su *unicidad* de especie, tendría el vicio de no excitar en nada las rivalidades cabalísticas, y en consecuencia no propagaría ningún atractivo sobre los trabajos, no pondría en juego la palanca económica de atracción industrial. En el primer momento, uno se sorprende al escuchar decir que costará menos servir cincuenta tipos de ensalada que una sola, proveer vehículos de cincuenta especies que de una sola; algunas líneas van a generar dudas. La falange cultiva muchos tipos de ensalada, y recibe cada día de sus vecinas otras clases, según la regla expuesta. Puede proveer, entonces, para un servicio de 1600 personas (deducidos los niños pequeños), siete tipos de ensaladas que, sazonadas cada una de siete u ocho maneras diferentes para satisfacer todos los gustos, forman una cincuentena de ensaladas diferenciadas en calidad y preparación. Al querer limitarse, por una ilusión de economía, a tres tipos en lugar de cincuenta, todo el mecanismo de atracción industrial es trastornado; no más debates cabalísticos sobre las calidades, sobre las variantes de condimentación; no más ligas por las subdivisiones parcelarias que cultiven según diversos métodos y varíen los sabores de las legumbres; no más rivalidades activas con las falanges vecinas: la emulación cae; la serie de los ensaladistas no tiene más resortes, sus productos degeneran, sus trabajos son desdeñados, no se los puede sostener más que por intervención de los corveístas; y costará más caro tener una mala ensalada que una opción sobre cincuenta tipos refinados en calidades y en condimentación. La misma teoría se aplica a los vehículos y a todo otro objeto. Miraríamos como un prodigio económico el arte de llevar un tren de vida fastuoso sin gastar más que si se viviera en la mediocridad. ¿Cómo llamaríamos al arte de gastar en el boato mucho menos que si se vegetara en la vida parsimoniosa? Nuevamente habrá en este resultado un milagro redoblado o compuesto: multiplicar por veinte, por cien los gozos, reduciendo el gasto por debajo del de una vida monótona o de un régimen de privaciones. Estas maravillas incomprensibles, y sin embargo certificadas por aquellos que hayan visto la falange, causarán sobre el globo una estupefacción tal que todas las personas acomodadas querrán hacer el viaje y ver con sus propios ojos unos efectos tan inconcebibles: esto es lo que garantizará a la falange de ensayo un beneficio de cuarenta millones obtenido de los curiosos, a los que se admitirá por cien francos al día, en el caso de que tome sus medidas para operar en plena escala y expandir la armonía de las pasiones a todas las ramas que puede comprender en el comienzo. A la vista de esta maravilla societaria, de estos acuerdos, de estos prodigios, de este océano de delicias producido por la sola atracción o impulso divino, se verá nacer un frenesí de entusiasmo por Dios, autor de un orden tan bello, y la infame civilización perfectible será cubierta de maldiciones universales. Sus bibliotecas políticas y morales serán despreciadas, destrozadas en el primer instante de cólera, y serán libradas a los más viles usos hasta que se las haya reimpreso con una glosa crítica, colocada a la vista del texto, para hacer de este la risa perpetua del género humano.

Ubiquemos aquí una observación sobre el error fundamental de las ciencias filosóficas, *el simplismo*. Estas consideran siempre la naturaleza y el destino humano en modo simple; se obstinan en disimular la desdicha social, en no ver en ella más que una desgracia o privación *simple*, cuando comúnmente es doble, cuádruplo, décuplo; y en cuanto a las perspectivas de dicha moral o política con que nos embaucan, no es nunca más que una dicha simple y engañosa, como la de amar la virtud en sí misma, sin beneficio, ni gloria, ni grandezas vinculadas al ejercicio de esta virtud. Una mezquindad tal no sabría convenir al hombre; su destino es el modo compuesto, tanto en dicha como en desdicha. Habría convenido agregar a este cuadro un contraste o paralelo de las desdichas compuestas que pesan sobre el civilizado: no terminaríamos jamás si quisiéramos en cada capítulo decir apenas lo necesario. Conteniendo el esbozo de este cuadro veinticuatro desgracias que agobian a los civilizados pobres, se podrá fácilmente duplicar esta serie de las miserias actuales, efectos necesarios del régimen subversivo, que produce en todos los sentidos el opuesto de los beneficios societarios. Según la admiración que excitará el mecanismo de las Series pasionales, se puede juzgar la solicitud de los asociados, que son los que recogerán su fruto, para consentir todo sacrificio que fuera necesario con el fin de asegurar el acuerdo de repartición. Agrego un último capítulo sobre esta armonía intencional de la cual, lo repito, no se tendrá ninguna necesidad; pues la ambición, por *ella misma*, es suficiente para establecer la justicia exacta, cuando las series industriales estén regularmente organizadas.

DEL ACUERDO INTENCIONAL POR LAS TRES UNIDADES MATERIALES, AFECTUOSAS Y MECÁNICAS

La unidad es la palabra más profanada por el mundo erudito. Convencido de que aquella debería ser el objetivo en mecánica social, pero no sabiendo por qué camino conseguirla, se ha limitado a soñar unidades en acuerdos sociales, unas más ilusorias que las otras, desde la unidad de los tres poderes, en la cual uno devora a los dos más débiles, hasta la unidad de los hogares, donde un sexo oprime a los otros dos, más débiles. Uno de lo prodigios que los curiosos de todos los rincones del mundo vendrán a admirar en la falange de ensayo será la unidad de acción, el acuerdo de las pasiones abandonadas a la plena libertad. No es un acuerdo de pasiones un estado de cosas violento, donde los esbirros impiden las disputas: sabemos lograr, por el temor a las prisiones y a los patíbulos, que las 400 familias de una aldea no se lastimen, pero no por eso son amistosas, afectuosas, unitarias. Es lo mismo en el interior de las familias, donde el padre, por medio del látigo y la moral, establece una calma que no es un acuerdo pasional. Será necesario pues, en una falange de 1800 personas, que cada individuo ame apasionadamente a todos los otros, que se sienta obligado a mantenerlos de su bolsa en caso de necesidad. Amar a todos los otros societarios es materialmente imposible, se dirá, puesto que cada carácter tiene sus antipatías. Repitamos en relación a esto que toda aserción general en movimiento sobreentiende la excepción de un octavo: amar a *todos los otros*, entre 1600 societarios por encima de 4 años, significa amar a 1400 por afección directa, y a los otros 200 por afección indirecta, por especulación sobre los servicios que se obtiene de ellos. Si la afección directa se extiende solamente a 7/8, habrá acuerdo unitario. Primero describámoslo, examinaremos en seguida sus propiedades.

Un determinado hogar de obreros resulta hoy absolutamente indiferente para el millonario Dorimon que habita en la mansión vecina. Es una familia de carpinteros. Si Dorimon los emplea, les paga; todo se termina allí, no hay entre ellos relaciones amistosas. En la falange ocurre que todos estos individuos prestan a Dorimon valiosos servicios: el padre ha presidido en parte la educación industrial del hijo primogénito de Dorimon que, con seis años de edad, quería ascender de los querubines a los serafines. El niño debía hacer siete pruebas de talento en diversos géneros; como tenía por la carpintería un gusto muy pronunciado, ha elegido este trabajo como una de sus siete pruebas; y el carpintero Jacques lo ha dirigido tan bien, que pronto ha sido admitido en esta rama de la industria. En otras seis ramas, ha sido igualmente enseñado por seis individuos hacia los que Dorimon se encuentra agradecido, porque estos servicios no son pagados directamente. El niño y el maestro se juntan por conveniencia mutua, por atracción y simpatía; y como el hijo primogénito de Dorimon tiene, desde la edad de seis años, más de treinta pasiones por el ejercicio de la industria y de las artes, Dorimon se encuentra obligado no hacia treinta maestros, sino hacia cien que han, por puro afecto, cooperado con esta instrucción; pues un niño armoniano encuentra comúnmente de tres a cuatro maestros apasionados en cada rama donde se entrena. Dorimon tiene otros dos niños de cuatro a dos años, y los cuidados dados a su educación serán para él un asunto de gratitud hacia otras doscientas personas. Verá a sus niños desarrollarse diez veces más rápido que los de civilización; encantado con su progreso, amará a todos aquellos que hayan cooperado por afecto hacia los niños mismos. He aquí entonces, en una sola rama de relaciones, la educación de sus niños, trescientos vínculos amistosos que Dorimon habrá formado con hombres, mujeres y niños de la falange en la que vive: ubico en este número a los niños, pues entre los maestros se cuenta buen número de niños que, por amistad, enseñan al más chico en edad aquello que han aprendido un año antes que él. Agreguemos que Dorimon es él mismo maestro de muchos niños en los que descubre instinto y vocación por las ramas de industria que él prefiere. Es un atractivo para todo el mundo el impartir enseñanza a jóvenes alumnos inteligentes y activos, en quienes se ve a los sucesores industriales. Los cuidados que da a estos niños le valen, por parte de sus padres, un afecto igual al que él tiene por los maestros de sus niños. Es así que la enseñanza, por sí sola, crea para Dorimon una masa de relaciones amistosas que se extienden a la cuarta parte de la falange. Y si Dorimon es un hombre anciano, que tiene pequeños descendientes en segundo y tercer grado, sus vínculos de gratitud en servicio de educación serán tanto más numerosos. Si examinamos las otras ramas de relaciones donde Dorimon podrá formar vínculos afectuosos, tales como la gastronomía, las ciencias y las artes, la agricultura, los amores, etc., veremos que se encuentra vinculado pasionalmente por afecto corporativo con 7/8 de los societarios de su falange, y que los pocos de entre ellos con los cuales no tiene vínculo directo son todavía respetados por el servicio indirecto: él no ama a Géronte, incluso hay entre ellos una antipatía pronunciada; pero ocurre que Géronte es el sectario más inteligente para el cultivo de espárragos, a los cuales Dorimon es un gran aficionado. En este aspecto, él protege los trabajos de Géronte; lo respeta, tiene por él una afinidad indirecta, una amistad especulativa. Es sobre esta multiplicidad de relaciones, y notablemente sobre los arreglos de gastronomía combinados con los de cultivo, que reposa el vínculo general de los societarios. No se preocuparían los unos por los otros si cada uno de ellos se ocupara aisladamente, como en civilización, de un trabajo que ejerciera en todas sus ramas y sin colaboradores numerosos.

Los filósofos nos dicen que todo está ligado y debe estar ligado en el sistema de la naturaleza: hay pues que establecer primeramente los vínculos en la más básica de las relaciones, que es la del régimen doméstico. No sabemos siquiera formar los vínculos en una pequeña familia de seis personas: todo caería en la discordia sin la intervención de la ley, o del látigo y de la moral. Hay que organizar, sin el auxilio de estos tres agentes, los vínculos pasionales entre 1800 personas que componen el estado doméstico, el grado más básico de las reuniones societarias. Si se triunfa en eso, será evidente que se puede establecer armonía parecida entre 1800 falanges formadas por 3.000.000 de individuos, y entre 18.000 y 1.800.000 falanges, puesto que el mecanismo es el mismo para una o para todo el conjunto de las falanges del globo, que se elevarán al número de tres millones, cuando la población sea llevada a la suma de cinco mil millones. Cuando sea comprobado por el aspecto de la primera falange que esta alcanza la unidad doméstica e industrial, el acuerdo pasional en relaciones de caracteres y en relaciones de interés o de dividendos a repartir, se concluirá que la unidad se va a establecer en todas las relaciones del globo. Para poder imaginar el entusiasmo que excitará esta esperanza alcanzará con enumerar aquí algunos empleos de la unidad. Esta reinará:

1°: En lenguaje, signos tipográficos y vías de comunicación.

2°: En medidas sanitarias, cuarentenas y purgaciones colectivas de la especie humana.

3°: En extinción de los géneros hostiles o nocivos del reino animal, y de algunos vegetales, pantanos, etc.

4°: En restauración de especies animales y vegetales, sustitución de las razas perjudiciales por las valiosas.

5°: En restauración compuesta de climaturas.

6°: En relaciones materiales, monedas, pesos, medidas, meridianos, etc., hasta el diapasón.

7°: En relaciones industriales, trabajos públicos de los ejércitos, empresas relativas a las ciencias y las artes.

8°: En relaciones comerciales y fiscales, aprovisionamientos combinados del globo, y garantías de un *minimum* proporcional a las clases.

9°: En acuerdos generales de pasiones, el arte de vincularlas y desarrollarlas cooperativamente por todo el globo.

Para no hablar más que del primero de estos acuerdos, el de lenguaje, signos tipográficos y otras vías de comunicación, ¿cómo el mundo civilizado osa hablar de unidad, jactarse de perfeccionamiento, de vuelo sublime, cuando no ha siquiera llegado al más bajo resorte de armonía, en asuntos de comunicación? Dos civilizados, un francés y un alemán, que se dicen perfeccionados por la metafísica de Kant o de Condillac, no saben siquiera escucharse o hablarse. Están, en esta rama de las relaciones, muy por debajo de los brutos, pues cada animal sabe establecer desde el primer momento entre él y su semejante todas las comunicaciones de las que su especie es susceptible. Sin embargo, la unidad de lenguaje y de escritura, que es el camino a todas las otras, es materialmente posible en civilización; de hecho se ven bellos indicios. La lengua italiana es unitaria para todas las costas marítimas del Mediterráneo e incluso para Portugal, Marruecos y el Mar Negro. La lengua inglesa es unitaria para todas las costas marítimas del norte, por encima de la Mancha. Los signos musicales y sus términos italianos son unitarios en todos los países civilizados, a pesar de las diversidades tipográficas. Si la civilización se atasca en las unidades más urgentes, las de comunicación, cuyo germen posee, ¿qué será de las unidades en las cuales está realmente trabada, como las cuarentenas sanitarias, la extirpación general de todas las enfermedades accidentales, virus psórico, variólico, sifilítico, epizoótico, etc., que serán extirpados en toda la tierra a partir del quinto año de armonía? Estamos mucho más atrasados en la purgación de los azotes materiales que no son inherentes a la especie humana: la destrucción de los lobos, las bestias feroces, los animales dañinos como los saltamontes, las ratas, las orugas, los insectos repugnantes, los reptiles de pantano y otras cosas repugnantes que desaparecerán a partir de la primera generación de armonía.

Ha quedado demostrado que el acuerdo intencional reinará en las cuatro ramas de relaciones: en aquellas de lo Material o del interés; en aquellas de lo Espiritual o de los vínculos afectuosos; en aquellas del Mecanismo interno o doméstico.

Y, en consecuencia, también en aquellas que tienden a la Unidad de acción exterior, fuente de atractivo y de beneficios gigantescos para todo el género humano.

Cuando el deseo de un acuerdo colectivo sea tan general, será muy fácil conseguir el acuerdo de repartición, por poco que los métodos sean regulares y adecuados a los deseos de las pasiones. Se juzgará en la sección siguiente si cumplen esta condición.

EL EQUILIBRIO DE POBLACIÓN

Entre las inconsecuencias y las tonterías de la política moderna, no hay una más chocante que el olvido de estatuir sobre el equilibrio de población, sobre la proporción del número de consumidores, con las fuerzas productivas. En vano se descubrirían los medios de alcanzar el cuádruplo e incluso el céntuplo producto, si el género humano estuviera condenado a pulular como hoy, amontonando siempre una masa de pueblo triple y cuádruplo del número al cual se debe atener para mantener el bienestar graduado entre las diversas clases.

En todos los tiempos el equilibrio de población ha sido el escollo o uno de los escollos de la política civilizada. Ya los antiguos, que tenían a su alrededor tantas regiones incultas para colonizar, no veían otro remedio para el exceso de población que el de tolerar el abandono, el asesinato de los niños, degollar el excedente de esclavos, como lo hacían los virtuosos espartanos, o hacerlos perecer en las naumaquias como divertimento para los ciudadanos de Roma, orgullosos del bello nombre de hombres libres, pero muy alejados del rol de hombres justos. Más recientemente se ha visto a los políticos reconocer su contrariedad sobre el problema del equilibrio de población. He citado a Stewart, Wallace y Malthus, los únicos escritores dignos de atención sobre este tema porque confiesan la impericia de la ciencia. Sus sabias opiniones sobre el círculo vicioso de la población son rechazadas por los payasos economistas, que descartan este problema como tantos otros. Stewart, más fiel, lo ha tratado muy bien en su hipótesis de una isla que, bien cultivada, podría alimentar con facilidad mil habitantes desiguales en fortuna. Pero, dice, si esta población se eleva a 3000 y 4000, a 10.000 y 20.000, ¿cómo alimentarla? Responde que habrá que colonizar, enviar enjambres; esto es desviar la cuestión. Pues si el globo entero estuviera poblado, lleno, ¿adónde se podrían enviar los enjambres coloniales? Los sofistas responden que el globo no está poblado y no lo estará en el corto plazo; es uno de los subterfugios de la secta Owen, que prometiendo la dicha, elude el problema de equilibrio de población, y dice que serían necesarios 300 años antes de llenarse. Se equivocan, no harían falta más que 150 años. Sea lo que sea, colocar la solución en 300 años es escapar del problema, sin garantías de que la misma sea hallada en dicho tiempo; por otra parte, aunque se necesitaran 300 años para llenar el globo, sería siempre una teoría muy defectuosa aquella que promete una dicha (o supuesta dicha) que, al cabo de 300 años, se desvanecería por un error de la política social, por el exceso de población. Ahora bien, como es seguro que este azote no tardaría 300 años y que, dada la situación de paz universal y abundancia general que daría el estado societario, sobrevendría al cabo de 150 años, es necesario que la teoría de este nuevo orden procure medios muy eficaces para prevenir el exceso de población, reduciendo el número de los habitantes del globo a la justa proporción de los medios y de las necesidades, a la cantidad de cinco mil millones aproximadamente, sin riesgo de ver elevarse la población a 6, 7, 8, 10, 12 mil millones, exuberancia que sería inevitable en el caso de que el globo entero organizara el régimen civilizado. Al contar con cinco mil millones de habitantes ricos y dichosos, supongo una restauración de temperatura que liberaría al polo ártico de sus hielos; sin eso, el globo no podría alimentar con opulencia más de tres mil millones de habitantes. ¿Cuáles serán los medios para liberar y fecundar este polo? Me los reservo para cuando se trate el asunto seriamente. Sin meternos en estos detalles, atengámonos al fondo de la cuestión, al problema de mantener en una elevada comodidad, en el estado de riqueza progresiva y de *minimum* garantizado, a una masa de habitantes, preservándola del exceso de población que es uno de los escollos del sistema civilizado. Al reposar este medio en parte sobre las costumbres de amor libre que solo comenzarán a establecerse luego de unos sesenta años, después de la extinción total de la raza civilizada, no hay inconveniente en ponerlo en conocimiento, tanto mejor cuanto que no se sentirá su necesidad sino al cabo de cien años, cuando el globo se aproxime a su capacidad máxima. Provisoriamente, es necesario probar que la teoría societaria no está en falta ni sobre este punto, ni sobre ningún otro; y que no debe ser confundida con aquellas que esquivan desde el primer momento los problemas más importantes: población equilibrada, *minimum* decente, etc. La naturaleza, en el estado societario, opone cuatro diques al exceso de población. Estos son: 1°, el vigor de las mujeres, 2°, el régimen gastrosófico, 3°, las costumbres fanerógamas, 4°, el ejercicio integral.

El vigor: Ya vemos sus influencias entre las mujeres *de la ciudad*. Sobre 4 estériles, hay 3 robustas, mientras que las mujeres delicadas son de una fecundidad exagerada y fastidiosa. Las estériles son, por lo general, aquellas a las que se habría creído las más aptas para procrear. Se replicará que en el campo las mujeres robustas no son de ningún modo estériles: lo sé, es una prueba más para el método natural, que debe operar por *encadenamiento de los cuatro medios combinadamente aplicados*, y no por empleo aislado de alguno de los cuatro.

El régimen gastrosófico: ¿De dónde viene esta diferencia de fecundidad a favor de las campesinas robustas? Es el efecto de la vida sobria, del alimento grosero limitado a los vegetales. Las habitantes de las ciudades comen alimentos delicados; es un medio de esterilidad que se volverá mucho más poderoso en la armonía, donde cada uno es un gastrónomo refinado. A partir de allí, al combinar el extremo vigor de las damas armonianas con el gozo de la comida delicada, se tendrá ya dos medios de encaminarse a la esterilidad. Paso brevemente sobre las objeciones cuyo examen llenaría un artículo más largo que este; se debe recordar que esto es un resumen.

Las costumbres fanerógamas: El libre amor, la Pluralidad de amantes, es evidentemente un obstáculo para la fecundidad: se tiene la prueba en las cortesanas que muy raramente son fecundas, habiendo apenas una décima parte que procrea, mientras que la concepción es muy fácil para una chica o una mujer fiel. Ahora bien, los armonianos tendrán (al cabo de apenas un siglo) muchas mujeres consagradas a la pluralidad de los hombres, *por virtud corporativa y útil a la sociedad*: las Bacantes, Bayaderas, Faquiresas y otras corporaciones encargadas del servicio de los ejércitos y de los caravasares, serán necesariamente fanerógamas. Será un acto de devoción de su parte, del cual el Estado obtendrá grandes ventajas. Este género de costumbres, por su extensión a dos tercios de las mujeres, será un tercer y muy poderoso medio de esterilidad.

El ejercicio integral distribuido sobre todas las facultades corporales, por medio de sesiones cortas y alternadas de funciones: Jamás se han observado los efectos que produce sobre la pubertad y la fecundidad un ejercicio corporal diferente; los contrastes sobre este punto son sorprendentes. Vemos a los aldeanos alcanzar la pubertad mucho más tarde que los habitantes de las ciudades o los niños de campesinos ricos. La fecundidad está igualmente subordinada a estas influencias de la gimnasia. Si el ejercicio corporal es *integral*, extendido a todas las partes del cuerpo alternativamente y proporcionalmente, las partes genitales se desarrollan más tarde; se ve la prueba en los niños de los príncipes que se casan a los 14 años, mientras que los jóvenes aldeanos a menudo no son núbiles a los 16 años. Este retraso proviene de la diferencia en ejercicios corporales y espirituales, que se operan al revés en las dos clases (no se puede atribuir al género de alimentos esta precoz nubilidad de los príncipes, puesto que son muy sobriamente servidos). Al dedicar los niños de alta alcurnia todo a los ejercicios del espíritu y poco a los del cuerpo, resulta que sus facultades materiales y vitales, muy obstruidas, hacen erupción tempranamente sobre las partes sexuales, y hacen estallar la pubertad antes de tiempo. Se verá en armonía el efecto contrario; los armonianos alcanzarán la pubertad más tarde que los campesinos civilizados, porque el ejercicio continuo y alternativo de todos sus miembros, absorberá durante mucho tiempo los jugos vitales, y retardará el instante en que, por sobreabundancia y falta de absorción, hacen sobrevenir la pubertad antes del término deseado por la naturaleza. Los niños educados en armonía no serán púberes antes de los 16 años, para los hombres, y 15 años para las mujeres. El retraso, al cabo de tres siglos, será llevado a 18 y 17 años, incluso en la zona tórrida. La influencia de la gimnasia integral será la misma sobre la fecundidad, a la cual entorpecerá fuertemente, a tal punto que una mujer armoniana, para disponerse a la fecundidad, deberá prepararse con un régimen calmo y dietético regulado durante tres meses, para que los jugos, menos absorbidos por el *ejercicio integral*, por el movimiento industrial de todas las partes del cuerpo, se dirijan hacia la parte sexual. Esta parte los atrae hoy fuertemente, en la clase de los burgueses ricos, donde no está contrabalanceada por la intervención de todas las otras partes del cuerpo, alternativamente empleadas en el trabajo activo.

Cuando se sepa emplear *combinadamente* los cuatro medios expuestos aquí arriba, las chances de fecundidad y esterilidad se volverán al revés del modo actual, es decir que en lugar del exceso de población, solo habrá que temer el *déficit*, y se tomarán medidas para excitar esta fecundidad, que todo hombre prudente teme hoy. El hombre sensato no quiere tener más que un pequeño número de niños, a fin de asegurarles la fortuna sin la cual no hay dicha; el hombre sin razón y totalmente carnal procrea niños por docena, como feth-ali, sha de Persia, excusándose por esto al decir que *es Dios quien los envía, y nunca habrá demasiadas personas honestas*. Dios quiere por el contrario limitar el número en proporción a los medios de existencia; y el hombre social se rebaja al nivel de los insectos cuando crea esos hormigueros de niños que serán obligados a devorarse entre ellos por exceso de número. No se comerán corporalmente como los insectos, los pescados, las bestias feroces, pero se devorarán políticamente con las rapiñas, las guerras y las perfidias de la civilización perfectible.

¿Para qué este exceso de población, cuando está probado que el orden civilizado, tan populoso como sea, no alcanza jamás a cultivar su territorio? En Francia más de un tercio de las tierras son baldías; en China se encuentran vastos desiertos a cuatro leguas de Pekín y apostaría que también se los encuentra mucho en Irlanda, el país más *populachero* de Europa. (No digo *populoso*. Flandes es populosa, Irlanda es populachera). Cuando hombres inteligentes, como el sueco Herrenschwand, se alzaron contra el doble azote del exceso numérico y la indigencia, cuando proclamaron que se habían perdido en política todas las vías de mejoramiento, sus voces fueron reprimidas y fueron acusados de demencia; sus filípicas tenían un costado débil, el de denunciar el mal antes de haber descubierto el remedio. Los oscurantistas, llamados filósofos, respondieron que no había que prestar atención a los males inseparables de la civilización perfectible; así la indigencia no ha cesado de crecer, incluso en Inglaterra, a pesar del exceso de industria y el impuesto anual de doscientos millones para los pobres. Confundida con estos resultados, la filosofía se escuda en el odioso principio de que *hacen falta muchos pobres, para que haya algunos ricos*. Se ha visto por la exposición del mecanismo de armonía qué caso amerita esta opinión, al igual que todos nuestros aforismos políticos, de los cuales nos avergonzaremos muy pronto, especialmente de aquellos que incitan a amontonar hormigueros de populacho, antes de haber aportado para asegurarles un *minimum* decente. He disipado los prejuicios que tratan como visión la idea del equilibrio de las pasiones. He probado también que este equilibrio debe fundarse sobre vastos desarrollos y no sobre el atascamiento; que las inclinaciones reputadas como las más viciosas, tales como el gusto por la dominación universal, la búsqueda del golpe de azar o fortuna súbita, avidez de herencias, y tantas otras inclinaciones que solo llevan hoy a todos los vicios, se transforman en fuentes de virtudes en el estado societario. Es suficiente para confundir a estos espíritus que pretenden que el movimiento y las pasiones son el efecto del azar, y que Dios tenía necesidad de las luces de Platón y Séneca para aprender a crear los mundos y dirigir las pasiones hacia la armonía.

FUNDACIONES APROXIMATIVAS

Había prometido un artículo muy detallado sobre las aproximaciones de mecanismo societario: compañías poco afortunadas podrán desear fundar en pequeño. Es la manera favorita de los franceses: esbozar, tantear. La mayoría se inclinará por un ensayo reducido a la mitad, a 900 personas, o a un tercio, 600 personas. Les advierto que, al reducir una maquinaria, se deforma el sistema si no se conservan todas las piezas: sabemos reducir un inmenso reloj de campanario a un pequeño cofrecillo o un reloj de una pulgada de diámetro, pero este reloj contiene todas las piezas de la gran maquinaria, incluso el campaneo. Por lo tanto, el sistema, aunque reducido, no ha cambiado. No es así en una maquinaria de pasiones: para reducirla en la proporción de un reloj de catedral a un pequeño reloj de bolsillo, habría que tener hombres en miniatura, liliputienses de medio pie de altura, lo mismo para los animales y los vegetales. Sería fácil formar una pequeña falange en miniatura, 1800 pigmeos alojados en un castillo, y limitados a cultivar un terreno cuadrado de cien toesas de base.

Esta falange estaría completa en su mecanismo, tendría en pequeño su conjunto de caracteres, operaría exactamente igual que hombres de nuestra estatura. Pero si hay que recortar el número, reducirlo de 1800 a 900 o 600, se priva de los resortes llamados caracteres, y se falsea el mecanismo de atracción industrial, de equilibrio de las pasiones. A partir de allí el juego de la máquina se complica, se lentifica en razón compuesta de la disminución de los resortes.

Si las 3 falanges son de	1800	900	600
La fuerza motriz o dosis de atracción industrial, que alimenta las series pasionales, no será en razón de	18	9	6
Sino aproximadamente	18	6	3
En consecuencia, la cohorte asalariada que suple las lagunas de atracción, deberá ser de	100	150	200
O mejor aún, de	100	200	300

pues estará encargada de todos los trabajos que no excitarán la atracción. Ahora bien, serán mucho más numerosos en una pequeña falange que en una grande. La pequeña, limitada a 600, al tener series mal engranadas, débiles de resortes, podrá apenas crear atracción sobre dos tercios de los trabajos. Esta laguna exigirá una cohorte de alrededor de 300 asalariados para el otro tercio del trabajo. Cuanto más pequeña sea la falange, más deberá consagrarse a tener un gran número de niños, aunque se debiera tomarlos en pensión pues los niños son, de los tres sexos, quienes se libran más francamente a la atracción, y los que se apasionan más rápidamente por el régimen de las series industriales. Una sociedad que no haya podido reunir la masa de capitales necesarios para fundar en grande, deberá operar como si estuviera segura de encontrar estos capitales a partir del año próximo, porque los encontrará realmente, si hace sus disposiciones *para un comienzo de gran falange, y no para una falange reducida*. Según este plan deberá construir, en lugar de un edificio regular, un tercio del gran edificio trazado en la página 86, un ala solamente, esperando para las otras dos secciones, centro y segunda ala. Supongo que construiría la porción que se extiende de o hasta *a, luego* los edificios X y Z. Al construir la pequeña falange un tercio del gran falansterio, y no un falansterio pequeño, su terreno deberá estar dispuesto en el mismo sentido. Al empezar sobre una pequeña superficie de un tercio de legua cuadrada, deberá hacer los arreglos para tener en contigüidad una legua entera, y usarla a partir del año siguiente. Si olvidara estas precauciones, sería rápidamente aventajada por otras compañías que se formarán en competencia con ella, y que probarían que no ha previsto nada, que no ha osado considerar la operación, que solo está compuesta de jefes pusilánimes, de abortos intelectuales. Estas objeciones serían válidas y harían perder a una falange reducida el premio de fundación. Perdería además el inmenso beneficio de los curiosos, que se irían todos hacia una falange de mecanismo pleno, como la que se apresurarían en fundar cuando la pequeña falange de ensayo haya dado el aviso y probado que el mecanismo de las series pasionales y de atracción industrial es sumamente fácil. La pequeña falange, formando este plan de extensión, tendrá tantas más chances para encontrar nuevos accionarios, que se podrán prever las economías que producirá la gran falange. Por ejemplo, sobre las incorporaciones de maestros obreros y docentes de cualquier tipo, será evidente que los maestros incorporados para 600, servirían igualmente para 1800. Cuanto más peligre la falange por falta de número, más deberá especular con una fuerte dosis de atracción, y considerar que hace falta saber sembrar para cosechar; deberá entonces dedicarse a la gastrosofía, principal semilla de atracción. Esta será la rama donde se podrán formar prontamente las series pasionales y apreciar su influencia desde los primeros meses.

   ¿Se pensará que habrá que restringir el número de las funciones, a fin de poder adaptar en ellas series numerosas? Es razonar como un moralista que cree mover la atracción a voluntad; la naturaleza distribuye las atracciones en trabajo doméstico sobre 1620 personas. Si se reduce este número a la tercera parte, no se pueden triplicar las atracciones: tal trabajo, como el cuidado de las palomas, que habría encontrado 60 sectarios apasionados sobre una masa de 1620, no tendrá más que 20 si reducen a un tercio el número de societarios sobre el cual hay que encontrar una secta de *palomistas*; y si se la quiere aumentar a 40, para favorecer el ejercicio parcelario, habrá una mitad que no estarán apasionados. La serie será muy defectuosa, mal planeada, sin ardor, sin destreza, sin unidad de acción. Por otra parte, si se tienen muy pocas series, si para reforzarlas en número de sectarios, se reducen a pocas funciones, muchas personas no podrán dar curso a sus atracciones y serán engañadas. Además, una falange de un pequeño número de series fracasaría en el acuerdo de repartición, porque las series no estarían suficientemente engranadas. Los impulsos de codicia no estarían lo suficientemente graduados para equilibrarse, moviéndose especulativamente hacia la justicia. No hay necesidad de agregar que cuanto menos numerosa sea la falange, más deberá evitar los cultivos grandes y los trabajos de largo aliento, cuyos productos no pueden recogerse inmediatamente: las gramíneas están en este número, y la viña todavía más. Hace falta, en una reunión débil en resortes, cosechas rápidas para sostener y alimentar el interés. Así, las palomas que se multiplican muy rápido, la repostería cuyos productos son fabricados en pocos días, serán los géneros más apropiados a las circunstancias; todas las pequeñas legumbres presentan esta ventaja. Podría llevar muy lejos este examen de las dificultades a temer en una pequeña falange: es suficiente hacer entrever que, para dirigir esta máquina, habrá que evitar los métodos morales y económicos; hace falta un mecánico que haya estudiado a fondo la teoría, y que no pretenda regentar y dominar la atracción, es el vicio en el que caería todo filósofo. Deberá dedicarse a discernir qué lagunas se pueden admitir según el conjunto de los caracteres y de los gustos de los societarios; es una de las operaciones más delicadas y que decidirá el éxito de una pequeña falange. Mientras yo no sepa en qué lugar sería fundada, cuál sería la justa dosis de sus medios en cada género, perdería demasiado tiempo en examinar y pesar las numerosas chances de error que podrían encontrarse.

Me limito a encontrar dos grandes medios, los más seguros para una pequeña falange: el refuerzo de niños y la gastrosofía. Lo he dicho muchas veces: no será cuestión de producir más o menos coles, poco importará la cantidad de cosechas, por cuanto las series, por mal formadas que estén, entregarán siempre una masa infinitamente superior a la de la civilización. Pero los prodigios que hay que crear desde la primera campaña son el equilibrio de las pasiones y la atracción industrial, objetivos que no se alcanzan sino con un buen engranaje de las series y un vínculo afectivo entre los trabajos de producción, consumición, preparación. Si se pueden mostrar tempranamente los acuerdos sublimes que presenta una masa de series bien engranadas, la causa estará ganada, incluso antes de llegar al desenlace o acuerdo de repartición. En cuanto se pueda admirar en este germen de armonía los acuerdos contrastados de pasiones escalonadas, los acuerdos indirectos de las antipatías, los usos ventajosos de las discordias, el empleo útil de las pasiones consideradas viciosas, el entrenamiento de los niños en la industria desde la más tierna edad, la verdad y la justicia transformadas en vías de fortuna, en fin, la verdadera dicha social, el contentamiento de cada sectario confirmado por su entusiasmo, los curiosos llegarán en muchedumbre para ver el prodigio de los prodigios, la mecánica de las pasiones, y para humillarse por haber cometido la tontería de dar fe a ciencias que enseñan que Dios creó las pasiones al azar, sin haberles asignado un mecanismo digno de su sabiduría.

El fin de las pequeñas historias
Eduardo Grüner

Una partida de ajedrez
Stefan Zweig

Gráfica cooperativa en Barcelona. Iconografía del cooperativismo obrero (1875-1939)
Marc Dalmau

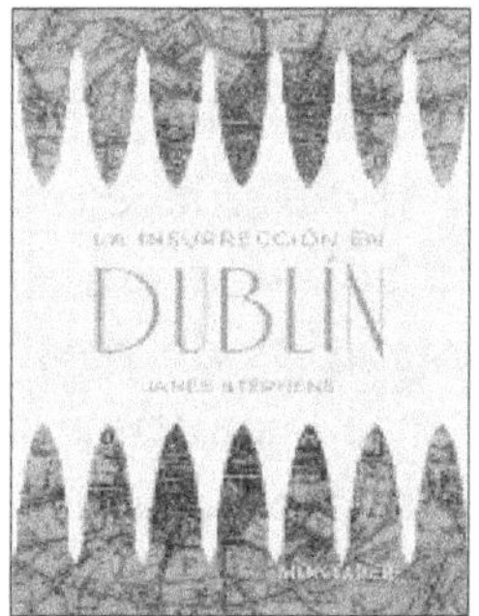

La insurrección en Dublín
James Stephens

La economía social y solidaria en Barcelona
Anna Fernández i Iván Miró

Economías transformadoras de Barcelona
Rubén Suriñach

Adaptación a utopía
Daniel Yacubovich

El Falansterio
Charles Fourier

Apocalipsis
Karl Kraus

Los estudios culturales
Fredric Jameson

**El barri de la Perona.
Barcelona 1980-1990**
Esteve Lucerón i Àngel Marzo Guarinos

**Historia de los Pioneros
de Rochdale**
Georges Jacob Holyoake

MONTABER   València, 558 – 08026 Barcelona – Tel. +34-931 429 486 – montaber@montaber.es – www.montaber.es